T0082275

LA LEY
DEL ÉXITO

NAPOLEON HILL

LA LEY DEL ÉXITO

© Copyright 2024 – Napoleon Hill Foundation

Todos los derechos reservados. Este libro está protegido por las leyes de copyright de los Estados Unidos de América. Ninguna parte de esta publicación puede ser reproducida, guardada o introducida a un sistema de recuperación o transmitida, en ninguna forma o por ningún medio (electrónico, mecánico, fotocopiado, grabado, o de otra manera), sin el permiso previo por escrito del publicador. Para pedir permisos, contáctese con el publicador: Attention: Permissions Coordinator", a la siguiente dirección:

Publicado y Distribuido por:

SOUND WISDOM
PO Box 310
Shippensburg, PA 17257-0310
717-530-2122

info@soundwisdom.com

www.soundwisdom.com

Se han hecho todos los esfuerzos para verificar la información contenida en esta publicación, y ni el autor ni el publicador asume responsabilidad alguna por errores, inexactitudes, u omisiones. Aunque esta publicación está repleta de información útil y práctica, no hay ninguna intención de que sean consejos legales o de contabilidad. Se recomienda a todos los lectores buscar abogados y contadores competentes para obedecer las leyes y los reglamentos que pueden aplicarse a situaciones específicas. El lector de esta publicación asume responsabilidad por cómo usa la información. El autor y el publicador no asumen ninguna responsabilidad, incluyendo responsabilidad legal, de manera alguna, por el lector de esta publicación.

El escaneo, la subida a la red y la distribución de esta publicación a través de Internet o de cualquier otro medio sin el permiso del editor es ilegal y está penado por la ley. Por favor, adquiera solo ediciones autorizadas y no participe ni fomente la piratería de materiales protegidos por derechos de autor.

Diseño de cubierta por Eileen Rockwell
Editado por Robert Johnson Jr. y Don Green

ISBN 13: 978-1-64095-483-0
ebook:978-1-64095-484-7

Para distribución mundial. Impreso en los Estados Unidos de América
1 2 3 4 5 6 / 28 27 26 25 24

Introducción

Encargado por Andrew Carnegie en 1908 para investigar y documentar el primer estudio sobre los factores que hacen que la gente tenga éxito, Napoleon Hill publicó el curso La *Ley del Éxito* de dieciséis lecciones y ocho volúmenes en 1928. Le siguieron muchos más libros de Napoleon Hill, incluido el más famoso y superventas *Piense y Hágase Rico* en 1937. Pero la publicación *La Ley del Éxito* sigue siendo un libro popular a día de hoy, ya que contiene los frutos de veinte años de investigación y entrevistas a más de 500 hombres de éxito. De hecho, fue el primero de su clase, tal como el Sr. Carnegie había pretendido y esperado, y sigue siendo un importante análisis y presentación de lo que el Sr. Hill llamó la "Ciencia del Éxito".

La publicación original contenía 1170 páginas. A lo largo de los años, ha habido muchas peticiones de una versión más concisa y compacta y, que contenga las lecciones esenciales de la argumentación de los principios del éxito. Los patronos de la Fundación Napoleón Hill escucharon estas solicitudes y se comprometieron a producir un libro de este tipo, que contiene lo que consideraban las lecciones fundamentales y las partes más importantes del trabajo original, y lo que está a punto de leer es el resultado.

LA LEY DEL ÉXITO

Esta versión ha prescindido de las citas de terceros y de los ensayos "Después de la lección" de la obra original, ha suprimido algunas historias que se repetían en otros libros de Hill publicados después de 1928, y ha eliminado la repetición (valorado acertadamente por el Sr. Hill como método de aprendizaje, pero no adecuado para un volumen compacto). Los Patronos creen, y esperan que esté de acuerdo, que el volumen resultante contiene todos los conocimientos esenciales de esta obra pionera: *La Ley del Éxito*.

He sido el Director Ejecutivo de la Fundación Napoleon Hill desde el año 2000, y junto a los otros Patronos que contribuyeron a este trabajo sumamos casi 200 años de servicio a la Fundación. Creo que están especialmente capacitados para elaborar la mejor síntesis de la obra original de Napoleón Hill, y me enorgullece presentar este libro para tu disfrute, apreciación y formación.

Don M. Green
Director ejecutivo,
Director General y Patrono

Reconocimientos a La Ley del Éxito
de Grandes Líderes Americanos

Los editores consideran que comprenderás con mayor profundidad el enorme valor de estas lecciones si primero lees algunos tributos de grandes líderes en las finanzas, la ciencia y la vida política.

Corte Suprema de los Estados Unidos
Washington DC

Estimado Sr. Hill: he tenido la oportunidad de leer su libro de La Ley del Éxito, y deseo expresar mi aprecio por el espléndido trabajo que ha realizado en esta materia. Sería útil que todos los políticos del país entendieran y aplicaran los principios en los que se basa La Ley del Éxito. Contiene un material muy valioso que todo líder en cualquier ámbito de la vida debe entender.

WILLIAM H. TAFT

(Ex presidente de los Estados Unidos y presidente del Tribunal Supremo)

Laboratorio de
Thomas A. Edison

Estimado Sr. Hill: Permítame expresarle mi agradecimiento por el cumplido que me ha hecho al enviarme el manuscrito original de La Ley del Éxito. Puedo apreciar que ha pasado mucho tiempo y atención en su preparación. Su filosofía es sólida y debo felicitarle por haberle dedicado tantos años a este trabajo. Sus estudiantes se verán ampliamente recompensados por su labor.

TOMÁS A. EDISON

LA LEY DEL ÉXITO

PUBLIC LEDGER
Philadelphia
Estimado Sr. Hill, Gracias por su libro La Ley del Éxito. Es un gran trabajo; lo leeré entero. Me gustaría volver a imprimir la historia "Qué haría si tuviera un millón de dólares" en la sección de negocios del Public Ledger.

CYRUS H. K. CURTIS

(Editor de Saturday Evening Post, Ladies Home Journal)

El rey de las tiendas de 5 y 10 centavos
Al aplicar muchos de los fundamentos de la filosofía de La Ley del Éxito, hemos construido una gran cadena de tiendas de éxito. No sería exagerado si dijera que el edificio Woolworth podría considerarse un monumento a la solidez de estos principios.

F. W. WOOLWORTH

Histórico líder laborista estadounidense
El dominio de la filosofía de La Ley del Éxito equivale a una póliza de seguros contra el fracaso.

SAMUEL GOMPERS

Ex Presidente
Permítame felicitarle por su perseverancia. Cualquier persona que le dedique tanto tiempo... necesariamente debe hacer descubrimientos de gran valor para los demás. Estoy profundamente impresionado por su interpretación de los principios de la "Mente Maestra" que tan claramente ha descrito.

WOODROW WILSON

Fundador de unos grandes almacenes
Sé que sus fundamentos de éxito son sólidos porque los he estado aplicando en mi negocio durante más de 30 años.

JOHN WANAMAKER

Del fundador de Kodak
Sé que está haciendo un verdadero bien con su Ley del Éxito. No me atrevería a ponerle precio a estas enseñanzas porque le ofrece al estudiante unos conocimientos que no se pueden medir sólo con dinero.

GEORGE EASTMAN

Un jefe de alimentos y dulces
Cualquier éxito que haya alcanzado se lo debo por completo a la aplicación de los principios de La Ley del Éxito. Creo que tengo el honor de ser su primer alumno.

WILLIAM WRIGLEY, JR.

Contenidos

Dedicado a
ANDREW CARNEGIE
quien me propuso la escritura del libro
y a
HENRY FORD
cuyos impresionantes logros forman la base para
prácticamente todas las lecciones del curso,

y a
EDWIN C. BARNES
socio comercial de Thomas A. Edison,
cuya estrecha amistad personal durante más de quince años
sirvió para ayudar al autor a afrontar una gran variedad de
adversidades y muchas derrotas temporales encontradas en
la organización del curso.

Una declaración personal del autor

Hace unos treinta años, un joven clérigo de nombre Gunsaulus anunció en los periódicos de Chicago que predicaría un sermón el domingo siguiente por la mañana con este título:

"¡QUÉ HARÍA SI TUVIERA UN MILLÓN DE DÓLARES!"

El anuncio llamó la atención de Philip D. Armour, el acaudalado rey de los envasados, quien decidió escuchar el sermón.

En su sermón, el Dr. Gunsaulus imaginó una gran escuela tecnológica donde se les podría enseñar a hombres y mujeres jóvenes cómo tener éxito en la vida mediante el desarrollo de la capacidad de PENSAR en términos prácticos en lugar de teóricos; donde se les enseñaría a "aprender haciendo". "Si tuviera un millón de dólares", dijo el joven predicador, "fundaría una escuela así".

Tras terminar el sermón, el Sr. Armour caminó por el pasillo hasta el púlpito, se presentó y dijo: "Joven, creo que podrías hacer todo lo que dijiste que podías hacer, y si vienes a mi oficina mañana por la mañana, te daré el millón de dólares que necesitas".

Siempre hay mucho capital para aquellos que pueden crear planes prácticos para utilizarlo.

Ese fue el comienzo del Armor Institute of Technology, una de las primeras escuelas prácticas del país. La escuela nació de la "imaginación" de un joven del que nunca se habría oído hablar fuera de la comunidad en la que predicaba si no hubiera sido por la "imaginación", más el capital, de Philip D. Armour.

Cada gran ferrocarril, cada destacada institución financiera, cada gigantesca empresa comercial y cada gran invento comenzó en la imaginación de una sola persona.

F. W. Woolworth creó el plan de la Tienda de Cinco y Diez Centavos en su "imaginación" antes de que se hiciera realidad y lo convirtiera en multimillonario.

Thomas A. Edison creó la máquina parlante y la máquina de imágenes en movimiento y la bombilla eléctrica incandescente y muchos otros inventos útiles en su propia "imaginación" antes de que se convirtieran en realidad.

Durante el incendio de Chicago, decenas de comerciantes cuyas tiendas se convirtieron en humo permanecieron frente a las brasas humeantes de sus antiguos negocios, afligidos por su pérdida. Muchos de ellos decidieron irse a otras ciudades y empezar de nuevo. En el grupo estaba Marshall Field, quien vio en su propia "imaginación" la tienda minorista más grande del mundo levantada en el mismo lugar donde había estado su antigua tienda, que entonces no era más que una masa ruinosa de tablones humeantes. Esa tienda se hizo realidad.

Afortunado el joven o la joven que aprende pronto en la vida a usar la imaginación, y más aún en esta época de mayores oportunidades.

La imaginación es una facultad de la mente que puede ser cultivada, desarrollada, extendida y ampliada por el uso. Si esto no fuera cierto, este curso sobre las Leyes del Éxito nunca se hubiera creado, porque fue concebido primero en la "imaginación" del autor a partir de la simple semilla, de una idea que fue sembrada por un comentario casual del ya fallecido Andrew Carnegie.

Una declaración personal del autor

Dondequiera que estés, quienquiera que seas, cualquiera que sea tu ocupación, hay espacio para que te vuelvas más útil, y de esa manera más productivo, desarrollando y usando tu "imaginación".

El éxito en este mundo es siempre una cuestión de esfuerzo individual, sin embargo, solo te engañarás a ti mismo si crees que puedes tener éxito sin la cooperación de otras personas. El éxito es una cuestión de esfuerzo individual sólo en la medida en que cada persona debe decidir, en su propia mente, lo que quiere. Esto implica el uso de la "imaginación". A partir de este momento, lograr el éxito es una cuestión de inducir a los demás a cooperar con habilidad e ingenio.

Antes de que puedas obtener la cooperación de los demás, es decir, antes de tener el derecho de pedir o esperar la cooperación de otras personas, primero debes mostrar tu voluntad de cooperar con ellos. Por esta razón, la octava lección de este libro, EL HÁBITO DE HACER MÁS DE LO PAGADO, es una lección a la que debes mostrarle mucha atención. La ley sobre la que se basa esta lección aseguraría por sí misma el éxito de todos los que la practican en todo lo que hacen.

En las últimas páginas de la lección uno, observarás un Cuadro de Análisis Personal en el que se han analizado diez hombres muy conocidos para su estudio y comparación. Observa este cuadro con atención y anota los "puntos peligrosos" que significan fracaso para aquellos que no observan estas señales. De los diez hombres analizados, ocho son conocidos por su éxito, mientras que dos pueden considerarse fracasados. Estudia cuidadosamente la razón por la cual estos dos hombres fracasaron.

A continuación, estúdiate a ti mismo. En las dos columnas que se han dejado en blanco a tal efecto, puntúate al principio de este curso en cada una de las Leyes del Éxito enumeradas;

al final del curso, puntúate de nuevo y observa las mejoras que has logrado.

El propósito del libro *La Ley del Éxito* es permitirte descubrir cómo puedes llegar a ser más capaz en el campo de trabajo que has elegido. Para ello, se analizarán y clasificarán todas tus cualidades para que puedas organizarlas y aprovecharlas al máximo.

NAPOLEON HILL
Autor de *La Ley del Éxito*

El agradecimiento del autor por la ayuda prestada en la elaboración de este curso

Este libro es el resultado de un análisis cuidadoso de la trayectoria vital de más de cien hombres y mujeres que han logrado un éxito extraordinario en sus respectivas vocaciones.

El autor del libro lleva más de veinte años recopilando, clasificando, y analizando y organizando las Leyes en las que se basa el libro. En su labor, ha recibido la inestimable ayuda, ya sea en persona o examinando la obra de los siguientes hombres:

Henry Ford
Edward Bok
Thomas A. Edison
Cyrus H. K. Curtis
Harvey S. Firestone
George W. Perkins
John D. Rockefeller
Henry L. Doherty
Charles M. Schwab
George S. Parker
Woodrow Wilson
Dr. C. O. Henry

LA LEY DEL ÉXITO

Darwin P. Kingsley
General Rufus A. Ayers
Wm. Wrigley, Jr.
Judge Elbert H. Gary
A. D. Lasker
William Howard Taft
E. A. Filene
Dr. Elmer Gates
James J. Hill
John W. Davis
Samuel Gompers
F. W. Woolworth
Captain George M. Alexander (El autor fue su asistente.)
Judge Daniel T. Wright (Uno de los instructores del autor)
Hugh Chalmers
Dr. E. W. Strickler
Elbert Hubbard
Edwin C. Barnes
Luther Burbank
Robert L. Taylor
O. H. Harriman
John Burroughs
George Eastman
E. H. Harriman
E. M. Statler
Charles P. Steinmetz
Andrew Carnegie
Frank Vanderlip
John Wanamaker
Theodore Roosevelt
Marshall Field
Wm. H. French

Dr. Alexander Graham Bell (a quien el autor debe el mérito por la mayor parte de la lección uno).

De los hombres mencionados, tal vez debería reconocerse a Henry Ford y Andrew Carnegie como los que más contribuyeron a la confección de este libro, ya que fue Andrew Carnegie quien sugirió por primera vez la escritura del libro y Henry Ford, cuya vida aportó gran parte del material a partir del cual se elaboró el libro.

Algunos de estos hombres ya han fallecido, pero a los que aún viven, el autor desea hacer aquí un agradecido reconocimiento por el servicio que han prestado, sin el cual este libro nunca podría haber sido escrito.

El autor ha estudiado a la mayoría de estos hombres de cerca, en persona. Con muchos de ellos disfruta, o disfrutó antes de su muerte, del privilegio de una estrecha amistad personal que le permitió extraer de su filosofía, hechos que no habrían estado disponibles en otras condiciones.

El autor está agradecido por haber disfrutado del privilegio de contar con los conocimientos de los hombres más poderosos de la tierra en la confección del libro La Ley del Éxito. Ese privilegio ha sido una remuneración suficiente por el trabajo realizado, aunque nunca se recibiera nada más por él.

Estos hombres han sido la columna vertebral, la base y el esqueleto de los negocios, las finanzas, la industria y la manera de gobernar estadounidense.

LA LEY DEL ÉXITO

Lección Uno

La Mente Maestra

"¡Puedes hacerlo si crees que puedes!"

Este es un curso sobre los fundamentos del éxito.

Tu negocio en la vida, o al menos la parte más importante de él, es lograr el éxito. El éxito, dentro del significado de ese término que se cubre en este libro sobre las Leyes del Éxito, es "el logro de tu Objetivo Principal Definido sin violar los derechos de otras personas". Independientemente de cuál sea tu objetivo principal en la vida, lo alcanzarás con mucha menos dificultad después de aprender a cultivar una personalidad agradable y el don de aliarte con otros en una misión dada sin fricciones ni envidias.

No puedes disfrutar de un éxito sobresaliente en la vida sin poder, *y nunca podrás disfrutar del poder sin la personalidad suficiente para influir en otras personas para que cooperen contigo en un espíritu de armonía*. Este libro te muestra paso a paso cómo desarrollar esa personalidad.

Lección a lección, la siguiente es una declaración de lo que puedes esperar recibir de las Leyes del Éxito que siguen a este capítulo:

LA LEY DEL ÉXITO

I. UN OBJETIVO PRINCIPAL DEFINIDO te enseñará cómo ahorrar el esfuerzo desperdiciado que la mayoría de la gente emplea en tratar de encontrar el trabajo de su vida. Esta lección te mostrará cómo deshacerte para siempre de la falta de objetivos y fijar tu corazón y tu voluntad en algún propósito definido y pensado como meta de vida.

II. LA AUTOCONFIANZA te ayudará a dominar los seis miedos básicos que aquejan a toda persona: el miedo a la Pobreza, el miedo a la Mala Salud, el miedo a la Vejez, el miedo a la Crítica, el miedo a la Pérdida del Amor o de Alguien y el Miedo a la Muerte. Te enseñará la diferencia entre el egoísmo y la verdadera confianza en sí mismo que se basa en conocimientos concretos y aplicables.

III. EL HÁBITO DE AHORRO te enseñará cómo distribuir tus ingresos sistemáticamente para que un porcentaje concreto de ellos se acumule de forma constante, formando así una de las mayores fuentes conocidas de poder personal. Nadie puede tener éxito en la vida sin ahorrar dinero. No hay excepción a esta regla, y nadie puede escapar a ella.

IV. INICIATIVA Y LIDERAZGO te mostrará cómo convertirte en un líder en lugar de un seguidor en su campo de actividad elegido. Desarrollará en ti el instinto de liderazgo que te hará gravitar gradualmente hacia la cima, en todos los emprendimientos en los que participes.

V. LA IMAGINACIÓN estimulará tu mente para que concibas nuevas ideas y desarrolles nuevos planes que te ayudarán a alcanzar tu objetivo principal definido. Esta lección te enseñará cómo "construir casas nuevas con piedras viejas", por así decirlo. Te mostrará cómo crear nuevas ideas a partir de conceptos antiguos, y cómo utilizar ideas antiguas para nuevos usos.

VI. EL ENTUSIASMO te permitirá "impregnar" de interés hacia ti y tus ideas a todas las personas con las que entres en contacto. El entusiasmo es la base de una personalidad agradable, y debes tener esa personalidad para influir en los demás para que cooperen contigo.

VII. EL AUTOCONTROL es la "rueda de equilibrio" con la que controlar tu entusiasmo y dirigirlo hacia donde desees que te lleve. Esta lección te enseñará, de la manera más práctica, a convertirte en "el dueño de tu destino, el capitán de tu alma".

VIII. EL HÁBITO DE HACER MÁS DE LO PAGADO es una de las lecciones más importantes del libro La Ley del Éxito. Te enseñará cómo aprovechar la Ley de rendimientos crecientes, que con el tiempo te asegurará un retorno en dinero proporcional al servicio que prestes. Nadie puede llegar a ser un verdadero líder en cualquier aspecto de la vida sin practicar el hábito de hacer más y mejor trabajo del que se le paga.

IX. UNA PERSONALIDAD AGRADABLE es el "punto de apoyo" sobre el que colocar la "palanca" de tus esfuerzos, y de este modo, con inteligencia, te permitirá eliminar montañas de obstáculos. Esta sola lección ha hecho decenas de Maestros Vendedores. Ha desarrollado líderes de la noche a la mañana.

X. EL PENSAMIENTO PRECISO es una de las piedras angulares importantes de todo éxito duradero. Esta lección te enseña cómo separar los "hechos" de la mera "información". Te enseña cómo organizar los hechos conocidos en dos clases: los "importantes" y los "no importantes". Te enseña a determinar qué es un hecho "importante". Te enseña cómo construir planes de trabajo definidos, en la búsqueda de cualquier vocación, basándote en los HECHOS.

XI. LA CONCENTRACIÓN te enseña cómo enfocar tu atención en un único tema hasta que hayas elaborado planes prácticos para dominar ese tema. Te enseñará cómo colaborar con otros de tal manera que puedas aprovechar todos tus conocimiento para respaldarte en tus propios planes y metas.

XII. LA COOPERACIÓN te enseñará el valor del trabajo en equipo en todo lo que haces. En esta lección, se te enseñará cómo aplicar la ley de la "Mente Maestra". Esta lección te mostrará cómo coordinar tus propios esfuerzos con los de los demás, de tal manera que se eliminen las fricciones, los celos, las luchas, la envidia y la codicia. Aprenderás a hacer uso de todo lo que otras personas han aprendido sobre el trabajo en el que estás involucrado.

XIII. BENEFICIARSE DEL FRACASO te enseñará cómo aprender de todos tus errores y fracasos pasados y futuros. Te enseñará la diferencia entre "fracaso" y "derrota temporal", una diferencia que es muy grande y muy importante. Te enseñará a sacar provecho de tus propios fracasos y de los fracasos de los demás.

XIV. LA TOLERANCIA te enseñará a evitar los nefastos efectos de los prejuicios raciales y religiosos que significan la derrota de millones de personas que se dejan enredar en estúpidas discusiones sobre estos temas, envenenando su propia mente y cerrando la puerta a la razón y la investigación. La intolerancia cierra el libro del Conocimiento y escribe en la portada: "¡Finalizado! ¡Lo he aprendido todo!"

La intolerancia convierte en enemigos a quienes deberían ser amigos. Destruye la oportunidad y llena la mente de dudas, desconfianza y prejuicios.

XV. PRACTICAR LA REGLA DE ORO te enseñará cómo hacer uso de esta gran ley universal de la conducta humana de tal manera que puedas obtener fácilmente la cooperación en armonía de cualquier persona o grupo de personas. La falta de comprensión de la ley en la que se basa la filosofía de la Regla de Oro es una de las principales causas del fracaso de millones de personas que permanecen en la miseria, la pobreza y la necesidad durante toda su vida. (Esta lección no tiene nada que ver con la religión en ninguna forma, ni con el sectarismo, ni con ninguna de las otras lecciones de este libro sobre la Ley del Éxito).

Debes comenzar a enseñar estas leyes a aquellos por quienes estás más interesado, ya que es bien sabido que cuanto más uno trata de enseñar un tema, más aprende sobre ese tema. Un hombre que tiene una familia de chicos y chicas jóvenes puede fijar tan indeleblemente estas Leyes del Éxito en sus mentes que esta enseñanza cambiará todo el curso de sus vidas.

El PODER es uno de los objetivos básicos del esfuerzo humano. El PODER es de dos clases: el que se desarrolla a través de la coordinación de las leyes físicas naturales, y el que se desarrolla organizando y clasificando el CONOCIMIENTO.

El PODER que surge del conocimiento organizado es más importante porque pone en posesión del hombre una herramienta con la que puede transformar, redirigir y, hasta cierto punto, aprovechar y utilizar la otra forma de poder.

Existen dos métodos principales para recopilar conocimientos: estudiando, clasificando y asimilando hechos que han sido organizados por otras personas; y a través del propio proceso de recopilación, organización y clasificación de hechos, que comúnmente llamamos "experiencia personal". Esta lección trata principalmente de las formas y medios de estudiar los hechos y datos recopilados y clasificados por otras personas.

Thomas Paine fue una de las grandes mentes del Período Revolucionario Americano. A él, más quizás que a cualquier otra persona, le debemos tanto el comienzo como el final feliz de la Revolución, pues fue su ingenio lo que ayudó tanto a redactar la Declaración de Independencia como a persuadir a los firmantes de ese documento para hacerlo realidad.

Al hablar de la procedencia de tan gran cantidad de conocimientos, Paine lo describió así:

"Cualquier persona que haya tomado conciencia sobre el progreso de la mente humana, observando la suya propia, no puede sino haber notado que hay dos clases distintas de lo que se llama Pensamientos: aquellos que producimos en nosotros mismos por reflexión y el acto de pensar, y los que se precipitan en la mente por sí mismos. Siempre he tenido como regla tratar a estos visitantes voluntarios con cortesía, teniendo cuidado de examinar, en la medida de mis posibilidades, si merecían ser recibidos; y de ellos he adquirido casi todos los conocimientos que poseo. En cuanto al aprendizaje que cualquier persona obtiene de la educación escolar, sólo sirve como un pequeño capital, para ponerlo en el camino de comenzar a aprender por sí mismo después. Todo estudiante es finalmente su propio maestro, la razón de ello es que los principios no pueden grabarse en la memoria; su espacio, es el entendimiento y nunca son tan sólidos como en su concepción.

LA MENTE MAESTRA: Llegamos ahora al siguiente paso en la descripción de las formas y medios por los cuales uno puede recopilar, clasificar y organizar el conocimiento útil a través de la alianza armoniosa de dos o más mentes, de las cuales surge una Mente Maestra.

El término "Mente Maestra" es abstracto y no tiene equivalente en el campo de los hechos conocidos, excepto para un pequeño número de personas que han realizado un estudio cuidadoso del efecto de una mente sobre otras mentes.

Este autor ha buscado en vano en todos los libros de texto y ensayos disponibles sobre el tema de la mente humana, pero en ninguna parte ha encontrado ni la más mínima referencia al principio aquí descrito como la "Mente Maestra". El término llamó la atención del autor por primera vez a través de una entrevista con Andrew Carnegie, de la manera descrita en la Lección Dos.

Con el propósito de establecer esta lección sobre una base sólida, hemos recorrido un largo camino hacia el éxito al reconocer que el encuentro o el contacto cercano de dos mentes establece en cada una de esas mentes un cierto "efecto" o estado mental bastante diferente al existente inmediatamente antes del contacto. Si bien es deseable, no es esencial saber cuál es la "causa" de esta reacción de una mente sobre otra mente. Que la reacción tiene lugar, en todos los casos, es un hecho conocido que nos da un punto de partida desde el cual podemos mostrar lo que significa el término "Mente Maestra".

Una Mente Maestra puede crearse mediante la unión o fusión, en un espíritu de perfecta armonía, de dos o más mentes. A partir de esta combinación armoniosa, la mente crea una tercera mente que puede ser adecuada y utilizada por una o todas las mentes individuales. Esta Mente Maestra seguirá estando disponible mientras exista esa alianza armoniosa entre las mentes individuales. Se desintegrará y desaparecerá toda evidencia de su existencia anterior en el momento en que se rompa la alianza amistosa.

Vuelve ahora a la definición de una "Mente maestra", una mente que surge de la combinación y coordinación de dos o más mentes EN UN ESPÍRITU DE ARMONÍA PERFECTA, y comprenderás el significado completo de la palabra "armonía" tal como la empleamos aquí. Dos mentes no se mezclarán ni podrán coordinarse a menos que esté presente el elemento de perfecta armonía, en el que reside el secreto del éxito o el fracaso de prácticamente todos los negocios y asociaciones sociales.

Todo comandante militar y todo líder en cualquier otro ámbito de la vida comprende la necesidad de un "espíritu de equipo"—un espíritu de entendimiento común y cooperación—en el logro del éxito. Este espíritu masivo de armonía de propósito se obtiene a través de la disciplina, voluntaria o forzada, de tal naturaleza que las mentes individuales se fusionan en una "Mente Maestra", lo que significa que estas mentes se unen y funcionan como una sola.

Los métodos a través de los cuales se lleva a cabo este proceso de combinación son tan numerosos como las personas involucradas en las diversas formas de liderazgo. Cada líder tiene su propio método de coordinar las mentes de los seguidores. Uno usará la fuerza. Otro la persuasión. Uno jugará con el miedo a las sanciones, mientras que otro jugará con las recompensas para coordinar las mentes individuales de un grupo dado de personas para que puedan mezclarse en una Mente Maestra.

Los grandes líderes del mundo, sin embargo, han sido provistos por la Naturaleza de una mente que actúa como un núcleo de atracción para otras mentes. Napoleón fue un ejemplo notable de un hombre que poseía el tipo de mente magnética que tenía una tendencia muy decidida a atraer todas las mentes con las que entraba en contacto. Los soldados siguieron a Napoleón hasta una muerte segura sin inmutarse, debido a la naturaleza impulsora o atrayente de su personalidad.

¡Observa, la frecuencia con la que aparece la palabra "armonía" a lo largo de esta lección! No puede haber desarrollo de una "Mente Maestra" donde este elemento de ARMONÍA PERFECTA no exista. Las unidades individuales de la mente no se mezclarán con las unidades individuales de otra mente HASTA QUE LAS DOS MENTES SE HAYAN DESPERTADO Y CALENTADO, POR DECIR, CON UN ESPÍRITU DE PERFECTA ARMONÍA DE PROPÓSITO. En el momento en que dos mentes comienzan a tomar caminos divergentes de interés, las unidades individuales de cada mente se separan y el tercer elemento, conocido como "MENTE MAESTRA", que surgió de la alianza amistosa o armoniosa, se desintegrará.

Pasamos ahora al estudio de algunos hombres bien conocidos que han acumulado gran poder (también grandes fortunas) a través de la aplicación del principio Mente Maestra.

Comencemos nuestro estudio con tres hombres que son conocidos por sus grandes logros en sus respectivos campos de actividad económica, comercial y profesional.

Sus nombres son Henry Ford, Thomas A. Edison y Harvey S. Firestone.

De los tres, Henry Ford es, con mucho, el más PODEROSO, teniendo en cuenta el poder económico y financiero. El Sr. Ford es el hombre más poderoso que ahora vive en la tierra. El Sr. Ford reúne millones de dólares con la misma facilidad con la que un niño llena su balde con arena cuando juega en la playa. Se ha dicho, por parte de personas que le conocían, que el Sr. Ford, si lo necesitara, podría solicitar y reunir mil millones de dólares y tenerlos disponibles en una semana.

Nadie que conozca los logros de Ford lo duda. Podría obtener este dinero, si lo necesitara, mediante la aplicación inteligente de los principios en los que se basa este curso.

Mientras el nuevo automóvil del señor Ford estaba en proceso de perfeccionamiento, en 1927, se dice que recibió pedidos anticipados, con pago en efectivo, de más de 375,000 automóviles. A un precio estimado de $600 por automóvil, esto equivaldría a $225,000,000 que recibió antes de que se le entregara un solo automóvil. Tal es el poder de la confianza en la capacidad de Ford.

El Sr. Edison, como todos saben, es filósofo, científico e inventor. Él es, quizás, el estudiante de la Biblia más entusiasta en la tierra; sin embargo, un estudiante de la Biblia de la Naturaleza, y no de las múltiples Biblias hechas por el hombre. El Sr. Edison tiene una visión tan aguda de la Biblia de la Madre Naturaleza que ha aprovechado y combinado, para el bien de la humanidad, más leyes de la Naturaleza que cualquier otra persona que viva ahora o haya vivido alguna vez. Fue él quien juntó la punta de una aguja y un trozo de cera giratoria de tal manera que la vibración de la voz humana puede ser grabada y reproducida a través de la moderna máquina parlante.

Fue Edison quien primero aprovechó el rayo y lo hizo servir de luz para el uso del hombre, con la invención de la bombilla eléctrica incandescente.

Fue Edison quien le dio al mundo la imagen en movimiento moderna.

Estos son solo algunos de sus destacados logros. Estos "milagros" modernos que ha realizado (no por engaño, bajo el falso pretexto de un poder sobrehumano, sino en medio de la brillante luz de la ciencia) trascienden todos los llamados "milagros" descritos en los libros de ficción hechos por el hombre.

El Sr. Firestone es el espíritu impulsor de la gran industria de neumáticos Firestone en Akron, Ohio. Sus logros son tan conocidos dondequiera que se utilicen automóviles que no parece necesario ningún comentario especial sobre ellos.

Estos tres hombres comenzaron sus carreras, comerciales y profesionales, sin capital y con escasa formación de la que suele denominarse "educación".

Los tres ahora tienen una buena educación. Los tres son ricos. Los tres son poderosos. Ahora investiguemos la fuente de su riqueza y poder. Hasta ahora, nos hemos ocupado únicamente del efecto; el verdadero filósofo desea comprender la causa de un efecto dado.

Es de conocimiento general que el Sr. Ford, el Sr. Edison y el Sr. Firestone son amigos personales cercanos y lo han sido durante muchos años; en años anteriores tenían la costumbre de ir al bosque una vez al año para unos días de descanso, meditación y recuperación.

Pero no se sabe —es una gran duda si ellos mismos eran conscientes— si entre los tres existía un vínculo de armonía que hizo que sus mentes se mezclaran en una "Mente Maestra" que es la verdadera fuente del poder de cada uno. Esta mente maestra, que surgió de la coordinación de las mentes individuales de Ford, Edison y Firestone, ha permitido a estos hombres "sintonizarse" con fuerzas (y fuentes de conocimiento) con las que la mayoría de los hombres no están familiarizados.

Una "Mente Maestra" puede ser creada por cualquier grupo de personas que coordinen sus mentes en un espíritu de perfecta armonía. El grupo puede estar formado por cualquier número a partir de dos. Los mejores resultados parecen obtenerse de la combinación de seis o siete mentes.

El proceso de fusión de mentes descrito aquí como una "Mente Maestra" puede compararse con el acto de alguien que conecta muchas baterías eléctricas a un solo cable de transmisión, "intensificando" así la energía que fluye por esa línea. Cada batería agregada aumenta la potencia que pasa por esa línea en la cantidad de energía que transporta la batería. Lo mismo sucede en el caso de mezclar mentes individuales en una "mente maestra".

Busca donde quieras, dondequiera que encuentres un éxito sobresaliente en los negocios, las finanzas, la industria o en cualquier profesión, y puedes estar seguro de que detrás del éxito hay alguna persona que ha aplicado el principio de la "Mente Maestra". Estos éxitos destacados a menudo parecen ser la obra de una sola persona, pero observa de cerca y podrás encontrar a las otras personas cuyas mentes se han coordinado con la tuya.

Indiscutiblemente, el mayor activo que tiene Henry Ford es su propio cerebro. Junto a ello vendrían los cerebros de su círculo inmediato de asociados, ya que ha sido a través de la coordinación de estos que se acumularon los activos físicos que él controla.

La aplicación de Ford del principio de la Mente Maestra fue, al menos al principio, el resultado de una alianza fortuita con otras mentes, particularmente la mente de Edison. Es más que probable que la notable percepción del Sr. Ford sobre las leyes de la naturaleza se inició como resultado de su amistosa alianza con su propia esposa mucho antes de conocer al Sr. Edison o al Sr. Firestone. Muchos hombres nunca saben que la verdadera fuente de su éxito es su esposa, mediante la aplicación del principio de "Mente Maestra". La Sra. Ford es una mujer sumamente inteligente, y este autor tiene razones para creer que fue su mente, mezclada con la del Sr. Ford, lo que le dio su primer comienzo real hacia el poder.

Es evidente que una de las tareas más difíciles que debe realizar cualquier empresario es la de inducir a quienes se relacionan con él a coordinar sus esfuerzos en un espíritu de armonía. Inducir la cooperación continua entre un grupo de trabajadores, en cualquier empresa, es casi imposible. Solo los líderes más eficientes pueden lograr este objetivo tan deseado, pero de vez en cuando un líder así se eleva por encima del horizonte en el campo de la industria, los negocios o las finanzas, y entonces el mundo conoce a un Henry Ford, Thomas A. Edison, John D. Rockefeller, E.H. Harriman o James J. Hill.

¡Poder y éxito son términos prácticamente sinónimos! Uno crece del otro; por lo tanto, cualquier persona que tenga el conocimiento y la capacidad para desarrollar el poder, a través del principio de coordinación armoniosa de esfuerzos entre mentes individuales, o de cualquier otra manera, puede tener éxito en cualquier empresa con un razonable potencial de ser exitosa.

¡No debe suponerse que una "Mente Maestra" surgirá inmediatamente, en forma de hongo, de cada grupo de mentes que fingen coordinación en un espíritu de ARMONÍA!

La armonía es el núcleo alrededor del cual debe desarrollarse el estado mental conocido como "Mente Maestra". Sin este elemento de armonía, no puede haber una "Mente Maestra", una certeza que no puede repetirse con demasiada frecuencia.

Henry Ford tenía escasa educación primaria, y sin embargo es uno de los hombres mejor "formados" del mundo porque adquirió la capacidad de combinar las leyes naturales y económicas, por no hablar de las mentes humanas, que tiene el poder de conseguir cualquier cosa de naturaleza material que desee.

Hace algunos años, durante la guerra mundial, el Sr. Ford presentó una demanda contra el Chicago Tribune, acusando a ese periódico de la publicación difamatoria de declaraciones sobre él, una de las cuales fue la declaración de que Ford era un "ignoramus", un hombre ignorante.

Cuando la demanda llegó a juicio, los abogados del Tribune se comprometieron a probar, con el propio Ford, que su declaración era cierta, que él era ignorante, y con este objetivo, lo interrogaron sobre todo tipo de temas.

Una pregunta que hicieron fue,

"¿Cuántos soldados enviaron los británicos para sofocar la rebelión en las colonias en 1776?"

Con una sonrisa seca en su rostro, Ford respondió con indiferencia: "No sé exactamente cuántos, pero he oído que fueron muchos más de los que nunca regresaron".

Se oyó una fuerte carcajada del tribunal, del jurado, de los espectadores de la sala del tribunal e incluso del frustrado abogado que había hecho la pregunta.

Esta línea de interrogatorio se prolongó durante una hora o más, mientras Ford se mantenía en perfecta calma. Finalmente, sin embargo, había permitido que los abogados "listos" jugaran con él hasta que se cansó de eso, y en respuesta a una pregunta que era particularmente odiosa e insultante, Ford se levantó, señaló con el dedo al abogado que preguntaba, y respondió,

"Si realmente quisiera responder a la estúpida pregunta que acaba de hacer, o a cualquiera de las otras que ha estado haciendo, permítame recordarle que tengo una fila de botones eléctricos colgando sobre mi escritorio y colocando mi dedo en el botón derecho, podría llamar a alguien que me daría la respuesta correcta a todas las preguntas que me ha hecho y a muchas que no tiene la inteligencia para preguntar o responder. Ahora, ¿sería tan amable de decirme por qué debería molestarme en llenar mi mente con un montón de detalles inútiles para responder a todas las preguntas tontas que alguien pueda hacer, cuando tengo personas capaces a mi alrededor que pueden proporcionarme todos los datos que necesito cuando los llamo?

Esta respuesta se cita de memoria, pero se relaciona sustancialmente con la respuesta de Ford.

Se hizo el silencio en la sala del tribunal. La mandíbula inferior del abogado interrogador cayó hacia abajo, sus ojos se abrieron ampliamente; el juez se inclinó hacia delante desde el banco y miró en dirección al señor Ford; muchos miembros del jurado se despertaron y miraron a su alrededor como si hubieran oído una explosión.

Hasta el momento de esa respuesta, el abogado se había estado divirtiendo bastante a costa de lo que él creía que era Ford, alardeando con astucia de conocimientos generales y comparándose con la ignorancia de Ford sobre muchos temas. ¡Pero esa respuesta aguó la fiesta del abogado!

LA LEY DEL ÉXITO

NOTA Estudia esta tabla cuidadosamente y compara las calificaciones de estos diez hombres antes de calificarte a ti mismo.	Henry Ford	Benjamin Franklin	George Washington	Theodore Roosevelt
LA LEY DEL ÉXITO				
I. Objetivo principal definido	100	100	100	100
II. Autoconfianza	100	80	90	100
III. Hábito de ahorrar	100	100	95	50
IV. Iniciativa y liderazgo	100	80	100	100
V. Imaginación	90	90	80	90
VI. Entusiasmo	75	80	90	100
VII. Autocontrol	100	90	50	75
VIII. Hábito hacer más de lo pagado	100	100	100	100
IX. Personalidad atractiva	50	90	60	80
X. Pensamiento preciso	90	80	75	60
XI. Concentración	100	100	100	100
XII. Cooperación	75	100	100	50
XIII. Aprovechar el fracaso	100	90	75	60
XIV. Tolerancia	90	100	80	75
XV. Practicar la regla de oro	100	100	100	100
Promedio General	91	90	86	82

Los diez hombres que han sido analizados en este esquema son bien conocidos por todo el mundo. Ocho son conocidos como exitosos, mientras que a los otros dos por lo general son conocidos como fracasos. Estos son Jesse James y Napoleon Bonaparte. Han sido analizados para comparar. Observa cuidadosamente dónde han calificado con cero y veras por qué fracasaron. Una calificación de cero en cualquiera de las Leyes del Éxito es suficiente para causar fracaso, aun cuando las demás calificaciones son altas.

Abraham Lincoln	Woodrow Wilson	William Taft	Napoleon Bonaparte	Calvin Coolidge	Jesse James	Antes	Después
100	100	100	100	100	0		
75	80	50	100	60	75		
20	40	30	40	100	0		
60	90	20	100	25	90		
70	80	65	90	50	60		
60	90	50	80	60	80		
95	75	80	40	100	50		
100	100	100	100	100	0		
80	75	90	100	40	50		
90	80	80	90	70	20		
100	100	100	100	100	75		
90	40	100	50	60	50		
80	60	80	40	40	0		
100	70	100	10	75	0		
100	100	100	0	100	0		
81	79	75	70	71	37		

Califícate en estas dos columnas antes y después de completar *La Ley del Éxito.*

Toma nota de que todos los hombres exitosos calificaron 100% en Objetivo Principal Definido. Este es un prerrequisito para el éxito sin excepción. Si quieres hacer un experimento interesante, reemplaza los nombres arriba con nombres de personas que conoces; cinco que son exitosos y cinco que han fracasado y califica a cada uno. Cuando hayas terminado, califícate a ti mism, prestando atención a que verdaderamente conoces tus debilidades.

LA LEY DEL ÉXITO

Lección Dos

Un objetivo principal definido

"Puedes hacerlo si crees que puedes"

Objetivo principal definido

La clave de todo este capítulo se encuentra en la palabra "definido".

Es terrible saber que el noventa y cinco por ciento de las personas del mundo vagan sin rumbo por la vida, sin la menor idea del trabajo para el que están mejor dotados, y sin la menor idea siquiera de tener algo como un objetivo definido por el que esforzarse.

Hay una razón tanto psicológica como económica para la selección de un objetivo principal definido en la vida. Dediquemos primero nuestra atención al aspecto psicológico de la cuestión. Es un sólido principio de la psicología que los actos de una persona están siempre en armonía con los pensamientos dominantes de su mente.

Cualquier objetivo principal definido que se fija deliberadamente en la mente y se mantiene allí, con la determinación de realizarlo, finalmente inunda toda la mente subconsciente hasta que automáticamente influye en la acción física del cuerpo hacia el logro de ese propósito.

Un objetivo principal definido

Tu principal objetivo definido en la vida debes seleccionarlo con especial cuidado, y después de haberlo seleccionado, debes escribirlo y colocarlo donde lo veas al menos una vez al día. El efecto psicológico es imprimir este propósito en tu mente subconsciente con tanta fuerza que aceptes ese propósito como un patrón o modelo que con el tiempo dominará tus actividades en la vida y te guiará, paso a paso, hacia la consecución del objetivo que te has propuesto.

En la esquina de la calle, justo enfrente de la habitación en la que estoy escribiendo, veo a un hombre que se pasa todo el día vendiendo cacahuetes. Está ocupado cada minuto. Cuando no está realmente ocupado en hacer una venta, está tostando y empaquetando cacahuetes en pequeñas bolsas. Forma parte de ese gran ejército que constituye el noventa y cinco por ciento de los que no tienen un propósito definido en la vida. Está vendiendo cacahuetes, no porque le guste ese trabajo más que cualquier otra cosa que pueda hacer, sino porque nunca se sentó y pensó en un propósito definido que le traería mayores beneficios por su trabajo. Está vendiendo cacahuetes porque es un vagabundo en el mar de la vida, y una de las tragedias de su trabajo es el hecho de que la misma cantidad de esfuerzo que pone en él, si se orientara en otras direcciones, le reportaría beneficios mucho mayores.

Todos los grandes líderes basan su liderazgo en un objetivo principal definido. Los seguidores lo son cuando saben que su líder es una persona con un objetivo principal definido que tiene el coraje de respaldar ese propósito con acciones. Incluso un caballo renqueante sabe cuándo un conductor con un objetivo principal definido toma las riendas y el caballo cede ante ese conductor. Cuando un hombre con un objetivo principal definido se abre paso entre la multitud, todos se hacen a un lado y le abren paso, pero si el hombre duda y demuestra con sus acciones que no está seguro de qué camino quiere tomar, la multitud le pasará por encima y se negará a apartarse un milímetro de su camino.

Hasta aquí el punto de vista psicológico de un propósito definido. Pasemos ahora al aspecto económico de la cuestión.

Si un barco de vapor perdiera el timón en medio del océano y comenzara a dar vueltas, pronto agotaría su reserva de combustible sin llegar a la costa, a pesar de que consumiría suficiente energía para llevarlo a la costa y regresar varias veces.

Quien trabaja sin un propósito definido, aunque estuviera respaldado por un plan definido para su consecución, se parece al barco que ha perdido el timón. El trabajo duro y las buenas intenciones no son suficientes para llevar a un hombre al éxito, porque ¿cómo puede un hombre estar seguro de que ha alcanzado el éxito a menos que haya establecido en su mente algún objetivo definido que desea alcanzar?

Toda casa bien construida comenzó con un propósito definido y un plan definido, a modo de un conjunto de planos. Imagina lo que sucedería si se tratara de construir una casa por el método al azar, sin planos. Los obreros se estorbarían unos a otros, el material de construcción se amontonaría por toda la parcela antes de que los cimientos estuvieran terminados, y cada uno de los trabajadores tendría una idea diferente de cómo debería construirse la casa. Resultado: caos, malentendidos y costes prohibitivos.

Sin embargo, ¿te has parado a pensar que la mayoría de la gente termina la escuela, consigue un empleo y comienza a trabajar sin la más mínima idea de algo que se parezca remotamente a un propósito o plan definido? A la vista de que la ciencia ha proporcionado medios razonablemente precisos para analizar el carácter y determinar el trabajo para el cual las personas están mejor preparadas... ¿no parece una tragedia moderna que el noventa y cinco por ciento de la población adulta del mundo esté formada por hombres y mujeres fracasados porque no han encontrado su lugar adecuado en el mundo laboral?

El consejo de Andrew Carnegie fue el siguiente: "Coloca todos los huevos en una cesta y vigila que nadie la vuelque". Con ese consejo quería decir, por supuesto, que no debemos disipar ninguna de nuestras energías dedicándonos a cosas secundarias. Carnegie era un gran economista y sabía que a la mayoría de las personas les iría bien si encauzaran y dirigieran sus esfuerzos hacia algo que supieran hacer bien.

En tu lucha por el éxito, debes tener siempre en cuenta qué es lo que quieres, saber con exactitud cuál es tu propósito definido, y el valor del principio del esfuerzo organizado en el logro de lo que constituye tu propósito definido.

La observación cuidadosa de la filosofía empresarial de más de cien hombres y mujeres que han alcanzado un éxito sobresaliente en sus respectivas vocaciones reveló el hecho de que cada uno era una persona de decisión rápida y clara.

El hábito de trabajar con un objetivo principal definido creará en ti el hábito decidir rápido, y este hábito te ayudará en todo lo que hagas.

Además, el hábito de trabajar con un objetivo principal definido te ayudará a concentrar toda tu atención en cualquier tarea hasta que la domines.

La concentración del esfuerzo y el hábito de trabajar con un objetivo principal definido son dos de los factores esenciales del éxito, que siempre van unidos. Uno lleva al otro.

Los empresarios exitosos más conocidos fueron personas de decisiones rápidas que trabajaron siempre único y excepcional propósito principal.

Algunos ejemplos notables son los siguientes:

Woolworth escogió como su principal objetivo definido la conquista de Estados Unidos con una cadena de tiendas de cinco y diez centavos, y concentró su mente en esta única tarea hasta que lo logró.

Wrigley centró su mente en la producción y venta de un paquete de chicles de cinco centavos y convirtió esta idea en millones de dólares.

Edison se concentró en la labor de armonizar las leyes naturales y con su esfuerzo descubrió más inventos que jamás cualquier otra persona haya logrado.

Statler se concentró en el "servicio de hotel familiar" y se hizo rico además de ser útil para millones de personas que utilizan su servicio.

Edwin C. Barnes se concentró en la venta de dictáfonos Edison y se jubiló, siendo aún joven, con más dinero del que necesitaba.

Woodrow Wilson concentró su mente en la Casa Blanca durante veinticinco años y se convirtió en su principal inquilino, gracias a que sabía la importancia de ceñirse a un objetivo principal definido.

Rockefeller se concentró en el petróleo y se convirtió en el hombre más rico de su generación.

Ford se concentró en la producción de automóviles en serie y se convirtió en el hombre más rico y poderoso que jamás haya existido.

Carnegie se concentró en el acero y sus esfuerzos le reportaron una gran fortuna que colocó su nombre en las bibliotecas públicas de todo Estados Unidos.

Gillette se concentró en una maquinilla de afeitar, y dio al mundo entero un "apurado perfecto" y se hizo multimillonario.

George Eastman se concentró en la cámara Kodak. La idea le reportó una fortuna a la vez que hizo disfrutar a millones de personas.

Hearst se concentró en periódicos sensacionalistas e hizo que la idea valiera millones de dólares.

Helen Keller se concentró en aprender a hablar, y a pesar de que era sorda, muda y ciega, logró su objetivo principal definido.

Marshall Field se concentró en la tienda minorista más grande del mundo, y hay que reconocer que lo consiguió.

Philip Armor se concentró en el negocio de carnicería y creó una gran industria, así como una gran fortuna.

Millones de personas se concentran diariamente en la POBREZA y el FRACASO y obtienen ambos en sobreabundancia.

Los hermanos Wright se concentraron en el avión y dominaron el aire.

Pullman se concentró en el coche cama, y la idea lo hizo rico y millones de personas viajaron cómodamente.

La Liga Anti-Saloon se concentró en la Enmienda de Prohibición y (para bien o para mal) la hizo realidad.

Por consiguiente, verás que todos los que triunfan se esforzaron por conseguir algún objetivo definido e importante.

Hay algo que puedes hacer mejor que cualquier otra persona en el mundo. Busca hasta que descubras cuál es esta concreta línea de trabajo, conviértela en el fin de tu objetivo principal definido, y luego organiza todas tus fuerzas y emprende con la segura creencia de que lo vas a conseguir. En tu búsqueda del trabajo para el que estás más capacitado, hay que tener en cuenta el hecho de que lo más probable es que logres el mayor éxito si encuentras lo que realmente más te gusta, pues es bien sabido que generalmente se tiene más éxito cuando uno dedica todos sus esfuerzos en cuerpo y alma.

El deseo es el factor que determina cuál será tu propósito definitivo en la vida. Nadie puede seleccionar tu deseo dominante por ti, pero una vez que tú mismo lo eliges, se convierte en tu objetivo principal definido y ocupa el centro de atención de tu mente hasta que se satisface mediante la transformación en realidad, a menos que permitas que sea dejado de lado por deseos contradictorios.

Para resaltar el principio que estoy tratando de aclarar, creo que no es descabellado sugerir que para estar seguro de un logro exitoso, el objetivo principal definido de una persona en la vida debe estar respaldado por un ardiente deseo de alcanzarlo. He comprobado que los jóvenes universitarios que han trabajado para pagar sus estudios logran un mejor rendimiento que aquellos a los que les pagan los estudios. El secreto de esto se puede encontrar en el hecho de que aquellos que están dispuestos a abrirse camino cuentan con un ardiente deseo de formarse, y tal empeño, si el objeto del deseo es algo razonable, es prácticamente seguro que lo logren.

Estos son los pasos que conducen del deseo a la realización: primero el deseo ardiente, luego la cristalización de ese deseo en un propósito definido, luego la acción apropiada suficiente para lograr ese propósito. Recuerda que estos tres pasos son siempre necesarios para asegurar el éxito.

Un propósito definido es algo que debes crear tú mismo. Nadie lo creará por ti ni se creará por sí solo. ¿Qué vas a hacer al respecto? y ¿cuándo? y ¿cómo?

Cuando elijas tu objetivo principal, ten en cuenta que no puedes apuntar demasiado alto.

Si su objetivo en la vida es impreciso, tus logros también serán imprecisos, además de muy escasos. Debes saber lo que quieres, cuándo lo quieres, por qué lo quieres y CÓMO pretendes conseguirlo

LA LEY DEL ÉXITO

Lección Tres

Autoconfianza

"¡Puedes hacerlo si crees que puedes!"

El desarrollo de la confianza en uno mismo comienza con la eliminación del demonio llamado miedo, que se sienta en el hombro de un hombre y le susurra al oído: "No puedes hacerlo, tienes miedo de intentarlo, tienes miedo de la opinión pública, tienes miedo de fracasar, tienes miedo de no tener la capacidad".

LOS SEIS MIEDOS BÁSICOS DE LA HUMANIDAD: cada persona es susceptible de la influencia de los seis miedos básicos. Bajo estos seis miedos se pueden enumerar los miedos menores. Aquí enumeramos los seis temores básicos o principales, y se describen las fuentes de las que se piensa que han surgido.

Los seis miedos básicos

a. El miedo a la Pobreza

b. El miedo a la Vejez

c. El miedo a la Crítica

d. El miedo a la Pérdida del Amor de Alguien.

e. El miedo a la Enfermedad

f. El miedo a la Muerte.

Estudia la lista, luego haz una relación de tus propios miedos y averigua bajo cuál de los seis apartados puedes clasificarlos mientras estudiamos el origen y la naturaleza de los Seis Peores Enemigos del hombre, los seis miedos básicos:

EL MIEDO A LA POBREZA: Hace falta valor para decir la verdad sobre el origen de este miedo y más aún, para aceptar la verdad después de haberla dicho. El miedo a la pobreza surgió de la tendencia heredada del hombre a aprovecharse económicamente de su prójimo. Casi todas las formas de animales inferiores tienen instinto pero no tienen el poder de razonar y pensar; por lo tanto, se aprovechan físicamente unos de otros. El hombre, con el sentido de la intuición, el pensamiento y la razón, no se come a sus semejantes corporalmente; le satisface más comérselos ¡FINANCIERAMENTE!

De todas las épocas del mundo de las que sabemos algo, la época en la que ahora vivimos parece ser la era del culto al dinero. Un hombre es considerado menos que el polvo de la tierra a menos que pueda exhibir una cuenta bancaria abultada. Nada trae al hombre tanto sufrimiento y humillación como la POBREZA. Con razón el hombre TEME a la pobreza.

Muchos matrimonios tienen su comienzo (y a menudo su final) únicamente sobre la base de la riqueza que posee una o ambas partes contrayentes. ¡No es de extrañar que los tribunales estén tan ocupados con los divorcios!

"Sociedad" bien podría escribirse con el símbolo "$ de dólar", porque está inseparablemente asociada al símbolo del dinero. Tan ansioso está el hombre por poseer riquezas que las adquirirá de cualquier manera que pueda: por métodos legales, si es posible, o a través de otros métodos, si es necesario.

¡El miedo a la pobreza es algo terrible!

Todas las legislaciones del mundo demuestran que el miedo a la pobreza es uno de los seis miedos básicos de la humanidad, ya que en cada una de esas legislaciones se pueden encontrar muchas leyes destinadas a proteger a los débiles de los fuertes.

He aquí el segundo de los seis miedos básicos del hombre: EL MIEDO A LA VEJEZ: En general, este miedo tiene dos orígenes. En primer lugar, la idea de que la vejez puede traer consigo POBREZA. En segundo lugar, y con diferencia la más común, es la creencia proveniente de creencias sectarias falsas y crueles de que la vejez nos acerca a un mundo más HORRIBLE que este.

¿Es de extrañar que el hombre tema la llegada de la vejez?

Ahora llegamos al tercero de los seis miedos fundamentales: EL MIEDO A LA CRÍTICA: Sería difícil, si no imposible, determinar con claridad cómo el hombre adquirió este miedo básico, pero una cosa es cierta: lo tiene bien desarrollado.

Algunos creen que este miedo apareció en la mente del hombre en la época en que surgió la política. Otra escuela de humanistas atribuye el origen al contenido de la Santa Biblia, en cuyas páginas abundan algunas expresiones muy crueles y violentas. Si esta última afirmación es correcta, y aquellos que creen literalmente todo lo que encuentran en la Biblia no están equivocados, entonces Dios es responsable por el temor inherente del hombre a la crítica, porque Dios hizo que se escribiera la Biblia.

Este autor, que no es ni un humanista ni un "profeta", sino una persona normal y corriente, se inclina a atribuir el miedo básico a la crítica a esa parte de la naturaleza heredada del hombre que lo impulsa no solo a quitar los bienes de su prójimo, sino a justificar su acción mediante la CRÍTICA del carácter de su prójimo.

LA LEY DEL ÉXITO

El miedo a la crítica adopta muchas formas diferentes, la mayoría de las cuales son insignificantes y triviales, incluso hasta el punto de ser extremadamente infantiles.

Los fabricantes de todo tipo de prendas de vestir no han tardado en capitalizar este miedo básico a la crítica con el que toda la humanidad está predestinada. Cada temporada, observará que la "moda" en muchos artículos de vestir cambian. Los fabricantes de automóviles (con raras y muy sensibles excepciones) también cambian de diseño cada temporada. Los fabricantes saben cómo la gente teme usar una prenda o conducir un automóvil que está desfasado con "lo que todos usan ahora o lo que conducen ahora".

¿No es cierto? ¿No lo avala tu propia experiencia?

El siguiente es el cuarto miedo básico:

EL MIEDO A PERDER EL AMOR DE ALGUIEN: La fuente de la que se originó este miedo necesita poca descripción, porque es obvio que surgió de la naturaleza del hombre a robarle la pareja al prójimo.

No cabe duda de que los celos y todas las demás formas similares de demencia precoz (locura) de mayor o menor grado surgieron del miedo heredado del hombre a la pérdida del amor de alguien.

De todos los "locos cuerdos" estudiados por este autor, el representado por un hombre que se ha vuelto celoso de alguna mujer, o el de una mujer que se ha vuelto celosa de algún hombre, es el más raro y extraño. El autor, afortunadamente, solo tuvo un caso de experiencia personal con esta forma de locura, pero de esa experiencia aprendió lo suficiente como para justificarse al afirmar que el miedo a la Pérdida del Amor de Alguien es uno de los más dolorosos, si no el que más de los seis miedos básicos, y parece razonable añadir que este miedo causa más estragos en la mente humana que cualquiera de los otros seis miedos básicos de la humanidad.

El siguiente es el quinto miedo básico:

EL MIEDO A LA MALA SALUD: Este miedo tiene su origen en gran medida también en las mismas fuentes de las que se derivan los miedos a la Pobreza y la Vejez.

El miedo a la Mala Salud está estrechamente relacionado tanto con la Pobreza como con la Vejez, porque también conduce hacia la frontera de los "mundos terribles" que el hombre no conoce, pero de los cuales ha escuchado algunas historias inquietantes.

El autor tiene la firme sospecha de que quienes se dedican a vender buenos métodos para la salud han tenido mucho que ver con mantener vivo en la mente el miedo a la mala salud.

Este es el sexto y último de los seis miedos básicos:

Durante cientos de millones de años, el hombre se ha estado haciendo las preguntas aún sin respuesta (y, tal vez, sin respuesta), "¿DÓNDE?" y "¿A DÓNDE?"—"¿De dónde vengo y adónde voy después de la muerte?"

Los más astutos y sagaces, así como los honestos y crédulos, no han tardado en ofrecer la respuesta a estas preguntas. De hecho, responder a estas preguntas se ha convertido en una de las llamadas profesiones "eruditas", a pesar de que se requiere poco aprendizaje para entrar en esta profesión.

¡Sé testigo ahora de la principal fuente del origen del miedo a la MUERTE!

"Entra en mi tienda, abraza mi fe, acepta mis dogmas (y paga mi salario), y te daré el boleto que te admitirá de inmediato en el cielo cuando mueras", dice el líder de una forma de sectarismo. "Quédate fuera de mi tienda", dice este mismo líder, "e irás directo al infierno, donde arderás por toda la eternidad".

Aunque, de hecho, el autoproclamado líder puede no ser capaz de proporcionar un salvoconducto al cielo ni, por falta de tal disposición, permitir que el desafortunado buscador de la verdad descienda al infierno, la posibilidad de este último parece tan terrible que se pone en duda. domina la mente y crea ese miedo a los miedos, ¡el miedo a la MUERTE!

Hay innumerables formas de miedo, pero ninguna es más letal que el miedo a la pobreza y la vejez. Dirigimos nuestros cuerpos como si fueran esclavos porque tenemos tanto miedo a la pobreza que deseamos atesorar dinero para... ¿para qué? ¡Para la vejez! Esta forma común de miedo nos impulsa con tanta fuerza que sobrecargamos nuestros cuerpos y provocamos algunas de las cosas que luchamos por evitar.

Lejos de ser una desventaja, la lucha es una ventaja decisiva, porque desarrolla esas cualidades que permanecerían latentes para siempre sin ella. Muchas personas han encontrado su lugar en el mundo por haberse visto obligadas a luchar por su existencia en los primeros años de su vida. El desconocimiento de las ventajas que se derivan del esfuerzo ha llevado a muchos padres a decir: "Tuve que trabajar duro cuando era joven, ¡pero me aseguraré de que mis hijos lo tengan fácil!". Pobres tontos. Una vida "fácil" normalmente se vuelve en una desventaja mayor que la que el joven normal pueden aguantar. Hay cosas peores en este mundo que ser forzado a trabajar en los primeros años de vida. La ociosidad forzada es mucho peor que el trabajo forzado.

La falta de necesidad de lucha no sólo conduce a la falta de ambición y la fuerza de voluntad, sino lo que es más peligroso aún, establece en la mente de una persona un estado de letargo que conduce a la pérdida de confianza en sí mismo.

Nada puede traerte el éxito salvo tú mismo. Por supuesto, necesitarás la cooperación de otros si aspiras a lograr un gran éxito, pero nunca obtendrás esa cooperación a menos que vitalices tu mente con la actitud positiva de la confianza en ti mismo.

No tienes más que una pequeña noción de las posibilidades que yacen dormidas dentro de ti, esperando que la fuerza de la visión las despierte, y nunca tendrás la mejor de esas posibilidades a menos que desarrolles la suficiente confianza en ti mismo para elevarte por encima de las de tu entorno actual.

Me viene a la mente un conocido poema cuyo autor expresó una gran verdad psicológica.

> Si crees que estás derrotado, lo estás;
> Si crees que no te atreves, no lo haces;
> Si te gusta ganar, pero crees que no puedes,
> Es casi seguro que no lo harás.
> Si crees que perderás, habrás perdido,
> Porque fuera del mundo encontramos
> El éxito comienza con la fuerza de voluntad
> Todo está en el estado de ánimo.
> Si crees que te superan, lo estás
> Tienes que pensar alto para ascender.
> Tienes que estar seguro de ti mismo
> antes de poder ganar un premio.
> Las batallas de la vida no siempre van
> al hombre más fuerte o más rápido;
> Pero tarde o temprano el hombre que gana
> Es el hombre que cree que puede.

"Thinking" (Pensar) por Walter D. Wintle 1905

En alguna lugar de tu personalidad hay un "algo tan sutil" que, si se despertar con la influencia externa adecuada, te llevaría a logros tan altos como nunca antes habrías imaginado. Del mismo modo que un maestro intérprete puede tocar un violín y hacer que suenen los acordes musicales más hermosos y fascinantes, existe alguna influencia externa que puede apoderarse de tu mente y hacer que se suene la sinfonía del éxito en lo que te dedicas. Nadie sabe qué fuerzas ocultas yacen latentes dentro de ti. Tú mismo no conoces tu capacidad de logro, y nunca lo sabrás hasta que entres en contacto con ese estímulo particular que te impulsa a una mayor acción y amplía tu visión, desarrolla tu autoconfianza y te mueve con un deseo más intenso de logro.

Oh, qué grande sería la gloria y satisfacción del hombre o la mujer que pudiera apartar la cortina de miedo que se alza sobre el género humano y apaga la luz del entendimiento que trae la confianza en sí mismo, dondequiera que se manifieste.

Cuando el miedo toma el control, los logros notables se hacen imposibles, un hecho que nos recuerda la definición de miedo, tal como lo expresó un gran filósofo:

"El miedo es el calabozo de la mente en el que esconderse. El miedo provoca la superstición, y la superstición es el puñal con el que la hipocresía asesina el alma".

Delante de la máquina de escribir en la que estoy elaborando los textos de este libro cuelga un cartel con las siguientes palabras, en letras grandes:

"Día a día, en todos los sentidos, me estoy volviendo más exitoso".

Un escéptico que leyó es cartel me preguntó si realmente creía en "esas cosas", y le respondí: "Por supuesto que no. Todo lo que hizo fue ayudarme a salir de las minas de carbón, donde comencé como peón, y encontrar un lugar en el mundo en el que estoy sirviendo a más de 100,000 personas, en cuyas mentes estoy plantando el mismo pensamiento positivo que este cartel pone de manifiesto; por lo tanto, ¿por qué debo creer en él?"

Cuando este hombre ya se iba, dijo: "Bueno, tal vez haya algo de cierto en este tipo de filosofía, después de todo, porque siempre he temido ser un fracasado, y hasta ahora, mis temores se han hecho realidad. "

Te estás condenando a la pobreza, la miseria y el fracaso, o se está impulsando hacia las alturas de los grandes logros, únicamente por los pensamientos que tienes. Si te exiges el éxito a ti mismo y respaldas esta exigencia con una acción inteligente, seguro que ganas. Sin embargo, ten en cuenta que hay una diferencia entre exigirse el éxito y simplemente desearlo. Averigua cuál es esta diferencia y aprovéchala.

Hace más de veinticinco años, aprendí mi primera lección sobre el desarrollo de la confianza en uno mismo. Una noche estaba sentado frente a la chimenea, escuchando una conversación entre unos hombres mayores sobre el tema del capital y el trabajo. Sin que me invitaran, me uní a la conversación y dije algo acerca de que los empleadores y los empleados resolvían sus diferencias sobre la base de la Regla de Oro. Mis comentarios llamaron la atención de uno de los hombres, que se volvió hacia mí, con cara de sorpresa, y dijo:

"Vaya, eres un chico brillante, y si fueras a la escuela, dejarías tu huella en el mundo".

Esos comentarios cayeron en oídos "fértiles", a pesar de que esa era la primera vez que alguien me decía que era brillante o que podría lograr algo que valiera la pena en la vida. El comentario me hizo reflexionar, y cuanto más se detenía mi mente en ese pensamiento, más seguro estaba de que ese comentario albergaba una posibilidad.

Podría decirse que cualquier servicio que prestes al mundo y cualquier bien que logres debe atribuirse a ese comentario espontáneo.

Sin embargo, debes aprender a distinguir entre la confianza en ti mismo, que se basa en un conocimiento sólido de lo que sabes y lo que puedes hacer, y el egoísmo, que se basa únicamente en lo que desearías saber o poder hacer. Aprende la diferencia entre estos dos términos, o te volverás aburrido, ridículo y molesto para la gente culta y entendida. La confianza en uno mismo es algo que nunca debe proclamarse o anunciarse salvo mediante la realización inteligente de actos constructivos.

Si tienes confianza en ti mismo, los que te rodean lo descubrirán. Deje que lo descubran. La autoalabanza nunca es una medida adecuada de la confianza en uno mismo. Tenlo en cuenta y deja que tu autoconfianza hable solo a través de los servicios que prestas y sin aspavientos ni prisas.

La confianza en uno mismo es producto del conocimiento. Conócete a ti mismo, sabe cuánto sabes (y lo poco que sabes) por qué lo sabes y cómo lo vas a utilizar. No pretendas saber más de lo que realmente sabes. No sirve de nada fingir, porque cualquier persona educada te medirá con bastante precisión después de oírte hablar durante tres minutos. Lo que realmente eres hablará tan alto que lo que "afirmas ser" no se escuchará.

Ahora estás preparado para la Lección Cuatro, que te llevará al siguiente peldaño de la Escalera del Éxito.

LA LEY DEL ÉXITO

Lección cuatro

El hábito de ahorrar

"¡Puedes hacerlo si crees que puedes!"

El hombre es una combinación de carne, hueso, sangre, cabello y células cerebrales. Estos son los pilares a partir de los cuales, mediante la Ley del Hábito, se forja la propia personalidad.

Aconsejar a alguien que ahorre dinero sin describir cómo ahorrar sería algo así como hacer un dibujo de un caballo y escribir debajo: "Esto es un caballo". Es obvio para todos que el ahorro de dinero es uno de los elementos esenciales para el éxito, pero la gran pregunta que surge en la mente de la mayoría de los que no ahorran es la siguiente: "¿Cómo puedo hacerlo?"

Formando el hábito del ahorro.

Formar el Hábito del Ahorro no significa que limites tu capacidad de ganar dinero; sino todo lo contrario: que apliques esta ley para que no solo conserves lo que ganas, de manera sistemática, sino que también te ponga en el camino de mayores oportunidades y te dé la visión, la confianza en ti mismo, la imaginación, el entusiasmo, la iniciativa y el liderazgo necesarios para aumentar tu capacidad de ganancia.

Expresando esta gran ley de otra manera, cuando entiendes completamente la Ley del Hábito, puedes asegurarte el éxito en el gran juego de hacer dinero "jugando ambos extremos de ese juego contra el medio".

Actúa de esta manera:

Primero, a través de la ley del Objetivo Principal Definido, establece en tu mente una descripción precisa y definida de lo que quieres, incluyendo la cantidad de dinero que pretendes ganar. Mediante la Ley del Hábito, mantén el objeto de su Objetivo Principal Definido fijo en tu mente hasta que se implante allí firme y permanentemente. Esta práctica destruirá la conciencia de pobreza y establecerá en su lugar una conciencia de prosperidad.

En segundo lugar, utilizarás aún más la Ley del Hábito al establecer, en tu declaración escrita de tu Objetivo Principal Definido, para ahorrar una proporción definida de todo el dinero que ganes.

Por lo tanto, a medida que aumenten tus ganancias, tus ahorros también aumentarán en proporción. Si, por un lado, te esfuerzas y te exiges a ti mismo una mayor capacidad de ganancia y, por otro, ahorras sistemáticamente una cantidad definida de todos tus ingresos, pronto llegarás al punto en el que habrás eliminado de tu mente todas las limitaciones imaginarias y habrás iniciado el camino hacia la independencia financiera.

Uno de los banqueros más exitosos del estado de Illinois tiene este cartel colgado en su oficina privada:

"AQUÍ HABLAMOS Y PENSAMOS SÓLO EN LA ABUNDANCIA. SI TIENES UNA HISTORIA TRISTE POR FAVOR GUARDARLA, YA QUE NO LA QUEREMOS".

Ninguna empresa quiere los servicios de un pesimista, y los que entienden la Ley de la Atracción y la Ley del Hábito no tolerarán al pesimista más de lo que permitirían a un ladrón merodear por su lugar de trabajo, por que una persona así destruirá la utilidad de quienes lo rodean.

La esclavitud de la deuda

La deuda es un dueño despiadado, un enemigo fatal del hábito del ahorro.

La pobreza por sí sola es suficiente para acabar con la ambición, destruir la confianza en uno mismo y destruir la esperanza, pero si a ello se añade la carga de la deuda, todos los que son víctimas de estas dos crueles amenazas están prácticamente condenados al fracaso.

Nadie puede hacer su mejor trabajo, nadie puede expresarse en términos que impongan respeto, nadie puede crear o llevar a cabo un propósito definido en la vida, con una gran deuda colgando sobre su cabeza. Todo aquel que está atado a la esclavitud de la deuda está tan indefenso como el esclavo que está atado con cadenas reales.

Una persona que está atada por la esclavitud de la deuda no tiene tiempo ni ganas para establecer o desarrollar ideales, con el resultado de que con el tiempo va a la deriva hasta que finalmente comienza a establecer limitaciones en su propia mente, y así se encierra tras los muros de la prisión del MIEDO y la duda de la que nunca escapa.

¡Ningún sacrificio es demasiado grande para evitar la miseria de la deuda! Hay dos clases de deudas, y estas son tan diferentes que merecen ser descritas a continuación:

1. Hay deudas contraídas por lujos que se convierten en una ruina.

2. Hay deudas contraídas en el curso de una actividad profesional o empresarial que representan un servicio o mercancías que pueden volver a convertirse en activos.

La primera clase de deudas es la que más se debe evitar. La segunda clase puede consentirse, siempre que el que contrae las deudas actúe con criterio y no sobrepase los límites de lo razonable. En el momento en que uno compra más allá de sus limitaciones, entra en el reino de la especulación, y la especulación engulle más víctimas de las que enriquece.

Quien está libre de deudas puede vencer la pobreza y lograr un éxito financiero sobresaliente, pero si está atado por deudas, ese logro es solo una posibilidad remota y nunca una probabilidad.

Cómo dominar el miedo a la pobreza

Para vencer el Miedo a la Pobreza, hay que dar dos pasos muy concretos, siempre que uno esté endeudado. En primer lugar, abandonar el hábito de comprar a crédito y a continuación, pagar gradualmente las deudas contraídas.

El mero hecho de abandonar un hábito indeseable no es suficiente, ya que tales hábitos tienen tendencia a reaparecer a menos que el lugar que antes ocupaban en la mente sea ocupado por algún otro hábito de naturaleza diferente.

Me decepcionaría mucho saber que cualquier lector se llevara la impresión de que el éxito se mide sólo por el dinero.

Sin embargo, el dinero representa un factor importante en el éxito, y debe dársele el valor que le corresponde en cualquier filosofía que pretenda ayudar a las personas a ser útiles, felices y prósperas.

¡La fría, cruel e inexorable verdad es que en esta era de materialismo, un hombre no es más que granos de arena que pueden ser arrastrados sin orden ni concierto por cualquier vendaval, a menos que esté atrincherado detrás del poder del dinero!

¡El hombre sin dinero está a merced del hombre que lo tiene!

Y esto es así, independientemente de sus capacidades, la formación que tenga o el carácter innato que le haya proveído la naturaleza.

Muchas personas han recorrido un largo camino hacia el éxito, solo para tropezar y caer, y nunca más levantarse, debido a la falta de dinero en tiempos de emergencia. La tasa de mortalidad en los negocios cada año, por falta de capital de reserva para emergencias, es enorme. ¡A esta única causa se deben más fracasos empresariales que a todas las demás causas juntas!

¡Los fondos de reserva son esenciales para el buen funcionamiento de las empresas! Las monedas aún de pequeño importe que la gente deja que se le escapen entre los dedos, si se ahorran sistemáticamente y se ponen a trabajar adecuadamente, con el tiempo traerían la independencia financiera.

Gracias a la cortesía de una importante Asociación de Crédito y Ahorro, se compiló la siguiente tabla, que muestra lo que un ahorro mensual de $5, $10, $25 o $50 supondrá al cabo de diez años. Estas cifras son sorprendentes cuando se considera el hecho de que la persona promedio gasta de $5 a $50 al mes en cosas inútiles o en "entretenimiento".

Ganar y ahorrar dinero es una ciencia, sin embargo, las reglas para acumularlo son tan sencillas que cualquiera puede seguirlas. El requisito principal es la voluntad de subordinar el presente al futuro, eliminando gastos innecesarios en lujos.

La manera asombrosa en que tu dinero crece

AHORRA $5 AL MES (Solo 17 centavos al día)

	Cantidad ahorrada	Ganancia	Ahorro + Ganancia	Valor al retirar
Año 1	$ 60.00	$ 4.30	$ 64.30	$ 61.30
Año 2	$ 120.00	$ 16.55	$ 136.00	$ 125.00
Año 3	$ 180.00	$ 36.30	$ 216.30	$ 191.55
Año 4	$ 240.00	$ 64.00	$ 304.00	$ 260.20
Año 5	$ 300.00	$ 101.00	$ 401.00	$ 338.13
Año 6	$ 360.00	$ 140.00	$ 500.00*	$ 414.75*
Año 7	$ 420.00	$ 197.10	$ 617.10	$ 495.43
Año 8	$ 480.00	$ 257.05	$ 737.05	$ 578.32
Año 9	$ 540.00	$ 324.95	$ 864.95	$ 687.15
Año 10	$ 600.00	$ 400.00	$ 1000.00	$ 1000.00

AHORRA $10 AL MES (Solo 33 centavos al día)

	Cantidad ahorrada	Ganancia	Ahorro + Ganancia	Valor al retirar
Año 1	$ 120.00	$ 8.60	$ 128.60	$ 122.60
Año 2	$ 240.00	$ 33.11	$ 273.11	$ 250.00
Año 3	$ 360.00	$ 72.60	$ 432.60	$ 383.10
Año 4	$ 480.00	$ 128.00	$ 608.00	$ 520.40
Año 5	$ 600.00	$ 202.00	$ 802.00	$ 676.25
Año 6	$ 720.00	$ 280.00	$ 1000.00*	$ 829.50*
Año 7	$ 840.00	$ 394.20	$ 1234.20	$ 990.85
Año 8	$ 960.00	$ 514.10	$ 1474.10	$ 1156.64
Año 9	$1080.00	$ 649.90	$ 1729.90	$ 1374.30
Año 10	$1200.00	$ 800.00	$ 2000.00	$ 2000.00

AHORRA $25 AL MES (Solo 33 centavos al día)

	Cantidad ahorrada	Ganancia	Ahorro + Ganancia	Valor al retirar
Año 1	$ 300.00	$ 21.50	$ 321.50	$ 306.50
Año 2	$ 600.00	$ 82.75	$ 682.75	$ 625.00
Año 3	$ 900.00	$ 181.50	$ 1081.50	$ 957.75
Año 4	$1200.00	$ 320.00	$ 1520.00	$ 1301.00
Año 5	$1500.00	$ 505.00	$ 2005.00	$ 1690.63
Año 6	$1800.00	$ 700.00	$ 2500.00*	$ 2073.75*
Año 7	$2100.00	$ 985.50	$ 3085.50	$ 2477.13
Año 8	$2400.00	$1285.25	$ 3685.25	$ 2891.60
Año 9	$2700.00	$1624.75	$ 4324.75	$ 3435.75
Año 10	$3000.00	$2000.00	$ 5000.00	$ 5000.00

AHORRA $50 AL MES (Solo 1.66 al día)

	Cantidad ahorrada	Ganancia	Ahorro + Ganancia	Valor al retirar
Año 1	$ 600.00	$ 43.00	$ 643.00	$ 613.00
Año 2	$1200.00	$ 165.50	$ 1365.50	$ 1250.00
Año 3	$1800.00	$ 363.00	$ 2163.00	$ 1915.50
Año 4	$2400.00	$ 640.00	$ 3040.00	$ 2602.00
Año 5	$3000.00	$1010.00	$ 4010.00	$ 3381.25
Año 6	$3600.00	$1400.00	$ 5000.00*	$ 4147.50*
Año 7	$4200.00	$1971.00	$ 6171.00	$ 4954.25
Año 8	$4800.00	$2570.50	$ 7370.50	$ 5783.20
Año 9	$5400.00	$3249.50	$ 8649.50	$ 6871.50
Año 10	$6000.00	$4000.00	$10,000.00	$10,000.00

La tabla anterior, que muestra a cuánto ascenderá un ahorro de $5 al mes al cabo de diez años, debería pegarla en su espejo, donde lo verá cada mañana al levantarse y cada noche al acostarse, siempre que no haya adquirido ya el hábito de ahorrar dinero sistemáticamente. Esta tabla debe copiarse, en letras y números de gran tamaño, y colocarse en las paredes de todas las escuelas del país, donde podría servir como recordatorio constante a todos los escolares, del valor del hábito del ahorro.

Hace algunos años, antes de pensar seriamente en el valor del hábito del ahorro, este autor hizo una cuenta del dinero que se le había escapado de las manos. La cantidad fue tan alarmante que le llevó a escribir este capítulo y a añadir el Hábito del Ahorro como una de las Leyes del Éxito.

Lo que sigue es una desglose detallado de esta cuenta:

Esta cantidad, si se hubiera ahorrado e invertido a medida que se recibía, de alguna manera que hubiera devengado un

---

$4.000.00 heredado, invertido en un negocio de partes para automoviles con un amigo quien perdió toda la cantidad en un año.

$3.600.00 dinero extra ganado por escribir para revistas y revistas, todo gastado sin sentido.

$30.000.00 ganado por entrenar a 3.000 vendedores con la ayuda de la filosofía del éxito, invertido en una revista que no fue un éxito porque faltaba capital de reserva para apoyarla.

$3.400.00 dinero extra ganado por charlas, conferencias, etc., todo gastado tan pronto que llegaba.

$6.000.00 cantidad estimada que se pudiera haber ahorrado durante ese período de diez años, fuera de las ganancias regulares, a solo $50.00 al mes.

$47.000.00

interés compuesto, habría ascendido a la suma de $94,000 en el momento de escribir este capítulo.

El autor no es víctima de ninguno de los hábitos habituales de derroche y consumismo, como el juego, la bebida y el entretenimiento en exceso. Es casi increíble que una persona cuyos hábitos de vida son razonablemente moderados pueda gastar $47,000 en poco más de diez años sin haber ganado nada con ello, ¡pero es posible!

El hábito de ahorrar dinero requiere más fuerza de carácter que la que ha desarrollado la mayoría de la gente, porque ahorrar significa abnegación y sacrificio de diversiones y placeres de muchas maneras diferentes.

Por esta misma razón, quien desarrolla el hábito del ahorro adquiere al mismo tiempo muchos de los otros hábitos necesarios que conducen al éxito, especialmente el Autocontrol, la Autoconfianza, el Coraje, el Equilibrio y la Ausencia de Miedo.

Este es un momento apropiado para exponer algunos HECHOS que tienen una relación tan directa con el tema de alcanzar el éxito que no pueden omitirse sin debilitar todo este libro en general y este capítulo en particular.

Durante el año 1926, el autor estuvo asociado con el ya fallecido Don R. Mellett, quien en ese momento era el editor del Canton (Ohio) Daily News. El Sr. Mellett se interesó en la filosofía de la Ley del Éxito porque, según creía, ofrecía buenos consejos a los hombres y mujeres jóvenes que realmente deseaban salir adelante en la vida. A través de las páginas del Daily News, el Sr. Mellett libraba una feroz batalla contra las fuerzas del submundo de Canton. Con la ayuda de detectives e investigadores, algunos de los cuales fueron proporcionados por el Gobernador de Ohio, el Sr. Mellett y el autor recopilaron datos concretos sobre la forma de vida de la mayoría de los habitantes de Canton.

El hábito de ahorrar

En julio de 1926, el Sr. Mellett fue asesinado en una emboscada, y cuatro hombres, uno de ellos un ex miembro de la fuerza policial de Canton, fueron sentenciados a cadena perpetua en la Penitenciaría Estatal de Ohio por el crimen.

Uno de los funcionarios de una gran planta industrial cuyo salario era de 6.000 dólares al año pagaba a un contrabandista de Canton una media de 300 dólares al mes por el licor (si es que se puede llamar licor a "esa cosa") que utilizaba para "banquetes". Su esposa participaba en estos "banquetes" que se realizaban en su propia casa.

Un policía cuyos ingresos eran de $160 al mes gastaba más de $400 al mes en cenas en un bar de carretera. De dónde sacaba la diferencia entre sus ingresos legítimos y sus gastos reales es una cuestión que no honra especialmente al policía.

Un joven que trabajaba en unos grandes almacenes, con un salario de $20 a la semana, gastaba una media de $35 semanales con un contrabandista. Se suponía que estaba robando la diferencia a su empleador. "El demonio" esperaba a este joven, a la vuelta de la esquina, aunque el autor no sabe si ambos ya se han encontrado.

Un vendedor de una compañía de seguros de vida, cuyos ingresos no se conocían porque trabajaba a comisión, gastaba un promedio de $200 al mes con un contrabandista. No se encontró ningún registro de ninguna cuenta de ahorro, y se supone que no tenía ninguna. Esta suposición se confirmó más tarde cuando la empresa para la que trabajaba el joven le hizo detener por malversación de fondos. No cabe duda de que gastaba el dinero que debería haber entregado a la empresa. Ahora cumple una larga condena en la Penitenciaría del Estado de Ohio.

Este autor dirigió una Agencia de Conferencias en cuarenta y un institutos, donde impartía conferencias una vez al mes durante toda la temporada escolar. Los directores de estas escuelas secundarias afirmaron que menos del dos por ciento de los estudiantes mostraban alguna tendencia a ahorrar dinero, y un cuestionario preparado a tal efecto reveló que sólo el cinco por ciento de los estudiantes, de un total de 11.000 en edad de bachillerato, creía que el hábito del ahorro era uno de los fundamentos para el éxito.

¡No es de extrañar que los ricos sean cada vez más ricos y los pobres cada vez más pobres!

Hace muchos años, antes de que la actual ola de fiebre por gastar se extendiera por el país, FW Woolworth ideó un método muy simple para captar las monedas de cinco y diez centavos que millones de personas tiran a la basura, y su sistema le reportó más de CIEN MILLONES DE DÓLARES en unos pocos años. Woolworth ya falleció, pero su sistema de ahorro de monedas de cinco y diez centavos continúa, y su patrimonio es cada vez más grande.

Hay una regla por la cual cualquier hombre puede determinar, con mucha anticipación, si alguna vez disfrutará o no de la libertad financiera y la independencia que es tan universalmente deseada por todos, y esta regla no tiene absolutamente nada que ver con la cantidad de los ingresos de uno.

La regla es que si un hombre sigue el hábito sistemático de ahorrar una cantidad específica de todo el dinero que gana o recibe de otras maneras, está prácticamente seguro de colocarse en una posición de independencia financiera. Si no ahorra nada, ESTÁ ABSOLUTAMENTE SEGURO DE QUE NUNCA SERÁ FINANCIERAMENTE INDEPENDIENTE, por muy elevados que sean sus ingresos.

Es mejor sacrificarse durante la edad de la juventud, que estar obligado a hacerlo durante la edad de la madurez, como generalmente tienen que hacerlo quienes no han desarrollado el hábito de ahorrar.

No hay nada tan humillante, que acarree tanta agonía y sufrimiento, como la pobreza en la vejez, cuando los servicios personales ya no son comercializables y uno debe recurrir a parientes o a instituciones caritativas para subsistir.

Se ha demostrado muchas veces que las personas que han formado el hábito de ahorrar siempre tienen preferencia en los puestos de responsabilidad; por lo tanto, el ahorro de dinero no solo agrega ventajas en la naturaleza de un empleo favorito y una cuenta bancaria más grande, sino que también aumenta la capacidad real de ingresos. Cualquier hombre de negocios preferirá emplear a una persona que ahorre dinero regularmente, no por el mero hecho de que esa persona ahorre dinero, sino por las características que posee esa persona que la hacen más eficiente.

Oportunidades para los que han ahorrado

Cuando se perfeccionó el automóvil Ford, durante los primeros días de su existencia, Henry Ford necesitaba capital para promover la fabricación y venta de su producto. Se dirigió a algunos amigos que habían ahorrado unos cuantos miles de dólares, uno de los cuales era el senador Couzens. Estos amigos acudieron a su rescate, aportaron unos cuantos miles de dólares con él y luego sacaron millones de dólares en beneficios.

Cuando Woolworth comenzó su plan de tienda de cinco y diez centavos, no tenía capital, pero recurrió a algunos amigos que pese a tener una economía no muy holgada, tenían ahorros, de esta forma y con gran sacrificio consiguió unos cuantos miles de dólares. Estos amigos le apoyaron y más tarde él les reportó cientos de miles de dólares en beneficios.

LA LEY DEL ÉXITO

Van Heusen (de la famosa Soft Collar) concibió la idea de producir un collar semiblando para hombres. Su idea era sólida, pero no tenía ni un centavo para promoverla. Recurrió a unos cuantos amigos que tenían solo unos pocos cientos de dólares, quienes le dieron una oportunidad, y el collar les hizo ricos a cada uno de ellos.

Quienes iniciaron el negocio de cigarros El Producto tenían poco capital, y el que tenían era dinero que habían ahorrado de sus pequeñas ganancias como tabaqueros. Tenían una buena idea y sabían cómo hacer un buen puro, pero la idea habría muerto "al nacer'" si no hubieran ahorrado un poco de dinero. Con sus escasos ahorros, lanzaron el cigarro y unos años más tarde vendieron su negocio a la American Tobacco Company por $8,000,000.

Detrás de prácticamente todas las grandes fortunas que uno puede encontrar, en su origen existe: un hábito bien adquirido de ahorrar dinero.

John D. Rockefeller era un contable corriente. Concibió la idea de desarrollar el negocio del petróleo, que por entonces ni siquiera se consideraba un negocio. Necesitaba capital, y como había desarrollado el hábito del ahorro y por lo tanto había demostrado que podía cuidar los ahorros de otras personas, no tuvo dificultad en pedir prestado el dinero que necesitaba.

Se puede afirmar con veracidad que la base real de la fortuna de Rockefeller es el hábito de ahorrar dinero que él desarrolló mientras trabajaba como contable con un salario de $ 40 al mes.

James J. Hill era un joven humilde que trabajaba como telegrafista con un salario de $30 al mes. Concibió la idea del Gran Sistema Ferroviario del Norte, pero su idea no guardaba proporción con su capacidad de financiación. Sin embargo, había adquirido el hábito de ahorrar dinero, y con el mísero salario de $30 al mes había ahorrado lo suficiente para poder pagar sus gastos en un viaje a Chicago, donde logró interesar a los capitalistas para financiar su plan. El hecho de que él mismo hubiera ahorrado dinero con un pequeño salario se consideró una buena prueba de que sería un hombre seguro al que confiarle el dinero de otras personas.

La mayoría de los hombres de negocios no confiarán su dinero a otra persona a menos que haya demostrado su capacidad para cuidar el suyo propio y usarlo sabiamente. La prueba, que a menudo es embarazosa para aquellos que no se han formado el Hábito de Ahorrar, es muy práctica.

Un joven que trabajaba en una imprenta en la ciudad de Chicago quería abrir una pequeña imprenta y emprender su propio negocio. Acudió al gerente de una casa de suministros de imprenta y le hizo saber sus deseos, le solicitó crédito para una imprenta y algunas tipografías y otros equipos pequeños.

La primera pregunta que hizo el gerente fue: "¿Ha ahorrado algún dinero por su cuenta?"

¡Lo tenía! De su salario de $30 a la semana, había ahorrado $15 a la semana regularmente durante casi cuatro años. Obtuvo el crédito que quería. Más tarde, obtuvo más crédito, y a día de hoy ha construido una de las plantas de impresión más exitosas de la ciudad de Chicago. Su nombre es George B. Williams, y es bien conocido, como también lo son los hechos aquí expuestos, por el autor de este curso.

Muchos años después de este hecho, el autor de este libro conoció al Sr. Williams, y al final de la guerra, en 1918, este autor acudió el Sr. Williams y le solicitó un crédito por muchos miles de dólares, con el propósito de publicar la Revista Regla de Oro.

La primera pregunta que formuló fue "¿Ha desarrollado el hábito de ahorrar dinero?" A pesar del hecho de que todo el dinero que había ahorrado se perdió en la guerra, el mero hecho de que realmente había formado el hábito del ahorro fue la base real sobre la cual obtuve crédito por más de $30,000.

Hay oportunidades en cada esquina, pero existen sólo para aquellos que tienen dinero disponible, o que pueden conseguirlo porque han formado el Hábito del Ahorro y desarrollado otras cualidades que acompañan el "carácter" de ahorrador. ¡Lo más importante en la vida es la LIBERTAD!

No puede haber libertad real sin un grado razonable de independencia financiera. Es terrible verse obligado a estar en un lugar determinado, en una tarea concreta (quizás una tarea que a uno no le gusta) durante un número de horas todos los días laborables de la semana, durante toda la vida. De alguna manera, esto es lo mismo que estar en prisión, ya que la libertad de uno está siempre limitada. Realmente no es mejor que estar en prisión, y en cierto modo, es incluso peor porque el hombre que está encarcelado ha escapado a la responsabilidad de tener un lugar donde dormir, algo que comer y ropa que ponerse.

La única esperanza de escapar de este trabajo de por la vida que coarta la libertad es adquirir el hábito de ahorrar dinero y vivir de acuerdo con ese hábito, por mucho sacrificio que requiera. No hay otra salida para millones de personas y, a menos que tú seas una de las raras excepciones, ¡este capítulo y todas estas afirmaciones son aplicables a TI.

LA LEY DEL ÉXITO

Lección Cinco

Iniciativa y Liderazgo

"¡Puedes hacerlo si crees que puedes!"

Iniciativa y Liderazgo son términos asociados en esta lección porque el Liderazgo es esencial para lograr el Éxito, y la Iniciativa es la base misma sobre la cual se construye esta necesaria cualidad de Liderazgo. La iniciativa es tan esencial para el éxito como un eje es esencial para la rueda de una carreta.

¿Y qué es Iniciativa?

Es esa cualidad sumamente rara la que incita —no, impulsa— a una persona a hacer lo que debe sin que nadie le diga que lo haga. Elbert Hubbard se refirió al tema de la Iniciativa con estas palabras:

"El mundo otorga sus grandes premios, tanto en dinero como en honores, por un motivo, y ese es la Iniciativa.

"¿Qué es la iniciativa? Te lo diré: es hacer lo correcto sin que nadie te lo digan".

Una de las peculiaridades del Liderazgo es que nunca se encuentra en quienes no han adquirido el hábito de tomar la iniciativa. El liderazgo es algo a lo que debes invitarse a ti mismo; nunca se te impondrá. Si analizas cuidadosamente a todos los líderes que conoces, verás que no sólo ejercieron la Iniciativa, sino que realizaron su trabajo con un propósito definido en mente. También verás que poseían esa cualidad conocida como Autoconfianza.

Un gran filósofo dijo una vez: "La iniciativa es la llave maestra que abre la puerta a la oportunidad".

Ahora procederemos a exponer el procedimiento exacto que debes seguir si deseas convertirte en una persona de iniciativa y liderazgo.

Primero: debes dominar el hábito de la postergación y eliminarlo de tu vida. Este hábito de dejar para mañana lo que deberías haber hecho la semana pasada o el año pasado o hace una veintena de años está carcomiendo los puntos vitales de tu ser, y no puedes lograr nada hasta que lo elimines.

Copia la siguiente fórmula y colócala en un lugar visible de tu habitación, donde la veas al acostarte por la noche y al levantarte por la mañana:

Iniciativa y liderazgo:

Habiendo elegido un objetivo principal definido como el trabajo de mi vida, ahora entiendo que es mi deber transformar este propósito en realidad.

Por lo tanto, formaré el hábito de tomar alguna acción definida cada día que me lleve un paso más cerca del logro de mi objetivo principal definido.

Sé que la procrastinación es un enemigo mortal de todos los que quieren convertirse en líderes de cualquier empresa, y eliminaré este hábito de mi vida:

    a. Haciendo cada día una cosa concreta que deba hacer, sin que nadie me diga que la haga.

    b. Observar a mi alrededor hasta encontrar al menos una cosa que pueda hacer cada día y que no haya tenido el hábito de hacer y que sea de valor para los demás, sin esperar remuneración.

c. Decirle al menos a otra persona, cada día, el valor de practicar este hábito de hacer algo que debe hacerse sin que se le diga que lo haga.

Puedo ver que los músculos del cuerpo se fortalecen en proporción a la medida en que se usan; por tanto, entiendo que el hábito de la iniciativa también se fija en la medida en que se practica.

Me doy cuenta de que el lugar para comenzar a desarrollar el hábito de la iniciativa está en las cosas pequeñas y comunes relacionadas con mi trabajo diario; por lo tanto, iré a mi trabajo cada día como si lo hiciera únicamente con el propósito de desarrollar este necesario hábito de la iniciativa.

Entiendo que al practicar este hábito de tomar la iniciativa en relación con mi trabajo diario, no solo estaré desarrollando ese hábito, sino que también estaré atrayendo la atención de aquellos que darán mayor valor a mis servicios como resultado de esta práctica.

Firmado...........

Tengo empleada a una joven que abre, clasifica y contesta gran parte de mi correo personal. Comenzó a trabajar conmigo hace más de tres años. Entonces, sus funciones consistían en tomar dictado cuando se le pedía. Su salario era más o menos el mismo que el que reciben otros por un servicio similar. Un día le dicté el siguiente lema, que le pedí que me lo escribiera a máquina:

Recuerda que tu única limitación es la que estableces en tu propia mente.

Al devolverme la página mecanografiada, dijo: "Su lema me ha dado una idea que será valiosa tanto para usted como para mí".

LA LEY DEL ÉXITO

Le dije que me alegraba de haberle sido útil. El incidente no causó ninguna impresión especial en mi mente, pero a partir de ese día, pude ver que había causado una impresión tremenda en la mente de ella. Empezó a volver a la oficina después de la hora convenida y realizó un servicio por el que no le pagaron ni se esperaba que lo hiciera. Sin que nadie le dijera que lo hiciera, empezó a traer a mi escritorio cartas que ella había contestado por mí. Había estudiado mi estilo y esas cartas eran atendidas tan bien como yo podría haberlo hecho; en algunos casos, mucho mejor. Mantuvo este hábito hasta que mi secretaria personal dimitió. Cuando comencé a buscar a alguien para ocupar su lugar, qué más natural que recurrir a esta joven para ocupar el lugar. Antes de que tuviera tiempo de darle el puesto, lo tomó por iniciativa propia. Mi correo personal comenzó a llegar a mi escritorio con el nombre de una nueva secretaria, y ella era esa secretaria. En su tiempo libre, fuera de horario, sin sueldo adicional, se había preparado para el mejor puesto de mi plantilla.

Esto nos lleva al siguiente paso en nuestra descripción del procedimiento exacto que debe seguir para desarrollar la iniciativa y el liderazgo.

Tú, por supuesto, entiendes que la única forma de obtener felicidad es dársela a los demás. Lo mismo se aplica al desarrollo de la iniciativa. La mejor manera de desarrollar esta cualidad esencial en ti mismo es interesando a los que te rodean para que hagan lo mismo. Es un hecho bien conocido que un hombre aprende mejor aquello que se esfuerza por enseñar a los demás. Si un hombre abraza un determinado credo o fe religiosa, lo primero que hace es salir y tratar de "venderlo" a los demás. Y se impresiona a sí mismo en la misma medida en que impresiona a los demás.

En el lugar donde trabajas o en la comunidad en la que vives, entra en contacto con otras personas. Ocúpate por que se interesen en el desarrollo de la iniciativa. No será necesario que des tus razones para hacerlo, ni será necesario que anuncies que lo estás haciendo.

Llegamos ahora al siguiente paso en nuestra descripción del procedimiento exacto que se debe seguir para desarrollar iniciativa y liderazgo.

Se dice que la cooperación es la palabra más importante de la lengua inglesa. Desempeña un papel importante en los asuntos del hogar, en la relación entre marido y mujer, padres e hijos. Desempeña un papel importante en los asuntos de Estado. Tan importante es este principio de cooperación que ningún líder puede volverse poderoso o durar mucho tiempo si no lo comprende y lo aplica en su liderazgo.

Durante la Guerra Mundial, tuve la suerte de escuchar el análisis de un gran soldado sobre cómo ser un líder. Este análisis fue entregado a los estudiantes-oficiales del Segundo Campo de Entrenamiento en Fort Sheridan, por el Mayor CA Bach, un oficial del ejército tranquilo y sin pretensiones que actuaba como instructor.

He conservado una copia de este discurso porque creo que es una de las mejores lecciones sobre liderazgo jamás registrada. Incluye muchos de los elementos de liderazgo enfatizados en este capítulo.

El mayor Bach habló de la siguiente manera:

> En poco tiempo, cada uno de ustedes controlará la vida de un cierto número de hombres. Tendrá a su cargo ciudadanos leales pero inexpertos, que buscarán en usted instrucción y guía. Su palabra será su ley. Su comentario más casual será recordado. Sus modales serán imitados. Su ropa, su porte, su vocabulario, su forma de mando serán imitados.

LA LEY DEL ÉXITO

Cuando te unas a tu organización, encontrarás allí un cuerpo de hombres dispuestos que no te pedirán nada más que las cualidades que exigirán su respeto, su lealtad y su obediencia.

Están perfectamente listos y ansiosos por seguirte siempre que puedas convencerles de que tienes estas cualidades. Cuando llegue el momento en que estén convencidos de que no las posees, será mejor que te despidas. Tu utilidad en esa organización ha llegado a su fin.

En unos días, gran parte de vosotros, recibiréis el nombramiento de jefes. Esta asignación no os convertirán en líderes; sino simplemente jefes. Os colocarán en una posición en la que poder convertiros en líderes si poseéis los rasgos apropiados. Debes actuar bien, tanto con quienes están por encima de ti, pero sobre todo con los que están por debajo de ti.

Las empleados deben seguir y seguirán las indicaciones de los jefes que no son líderes, pero el poder impulsor será el entusiasmo sino la disciplina. Van con la duda y el temor que provocan la pregunta tácita: "¿Qué hará ahora?" Estos trabajadores obedecen al pie de la letra tus órdenes, pero nada más. No saben nada de devoción a su jefe, de entusiasmo exaltado que desprecia el riesgo personal, de sacrificio para garantizar su seguridad personal. Sus piernas los llevan hacia adelante porque su cerebro y su adiestramiento les indican que deben ir. Su espíritu no va con ellos.

Los grandes resultados no se logran con soldados fríos, pasivos y poco solidarios. No van muy lejos y se detienen tan pronto como pueden. El liderazgo no solo exige, sino que recibe la obediencia y la lealtad voluntarias, sin vacilaciones, inquebrantables de otros hombres, y una devoción que los llevará, llegado el momento, a seguir a su rey sin corona hasta el infierno y vuelvan, si es necesario.

Os preguntaréis: "¿En qué consiste, entonces, el liderazgo? ¿Qué debo hacer para convertirme en un líder? ¿Cuáles son los atributos del liderazgo y cómo puedo cultivarlos?

El liderazgo es un conjunto de cualidades. Entre los más importantes, mencionaría la Autoconfianza, la Ascendencia Moral, el Autosacrificio, el Paternalismo, la Dignidad, y el Valor.

La confianza en uno mismo resulta, primero, del conocimiento exacto; segundo, la capacidad de impartir ese conocimiento; y tercero, el sentimiento de superioridad sobre los demás que se deriva naturalmente. Todo esto confiere aplomo al jefe. ¡Para dirigir, hay que saber! Puedes engañar a todo tu personal algunas veces, pero no puede hacerlo siempre. Los hombres no tendrán confianza en un jefe a menos que conozca su oficio, y debe conocerlo desde la base.

¡No hay sustituto para el conocimiento exacto!

Estate tan informado como para poder responder cualquier duda. Que tus empleados se digan unos a otros: "Pregúntale a Smith, él sabe".

Mientras que la confianza en sí mismo es el resultado de saber más que tus hombres, la superioridad moral sobre ellos se basa en tu creencia de que eres el mejor. Para ganar y mantener esta superioridad, debes tener autocontrol, vitalidad física y resistencia, y fuerza moral. Debes tener autocontrol, y aunque en la batalla tengas miedo, nunca lo muestres. Porque, si por un movimiento apresurado o un temblor de manos o un cambio de expresión o una orden apresurada que tuvieras que anular, indicaría tu estado mental, y se reflejaría en tus hombres en un grado mucho mayor.

Otro elemento para obtener la Ascendencia Moral reside en la posesión de suficiente vitalidad física y resistencia para soportar las penalidades a las que están sometidos ustedes y sus hombres, así como un espíritu intrépido que les capacite no sólo para aceptarlas con alegría sino para minimizar su magnitud.

La fuerza moral es el tercer elemento para obtener Ascendencia Moral. Para ejercer fuerza moral, debe vivir con honestidad; debes tener suficiente poder mental para ver lo correcto y la voluntad de hacer lo correcto.

¡Sé un ejemplo para tu gente!

El sacrificio personal es esencial para el liderazgo. Tendrás que dar y dar, todo el tiempo. Tendrás que entregarte físicamente, porque las horas más largas, el trabajo más duro y la responsabilidad más grande son la suerte del capitán. Es el primero en levantarse por la mañana y el último en marcharse por la noche. Él trabaja mientras los demás duermen.

Cuando digo que el paternalismo es esencial para el liderazgo, uso el término en su mejor sentido. No me refiero a esa forma de paternalismo que priva a los hombres la iniciativa, la confianza en sí mismos y el respeto por sí mismos. Me refiero al paternalismo que se manifiesta en un cuidado vigilante por la comodidad y el bienestar de quienes están a su cargo.

Los soldados son como niños. Debes ocuparse de que tengan cobijo, comida y ropa, lo mejor que puedas. Debes asegurarte de que tengan comida suficiente antes de pensar en la tuya propia, que tengan una cama tan buena como sea posible antes de considerar dónde dormirás tú. Debes estar mucho más atento a la comodidad de ellos antes que a la tuya propia. Debes cuidar su salud. Debes conservar sus fuerzas no exigiendo esfuerzo innecesario o trabajo inútil.

Y haciendo todas estas cosas, está insuflando vida a lo que de otro modo sería una mera máquina. Estás creando un alma en tu organización que hará que la masa responda como si fuera una sola persona. Y eso es espíritu.

Con frecuencia debes actuar sin órdenes de una autoridad superior. El tiempo no permitirá esperarlos. Aquí entra nuevamente la importancia de estudiar el trabajo de los jefes por encima de ti. Si entiendes la situación al completo y puedes formarte una idea del plan general de tus superiores, eso y tu entrenamiento de emergencia previo te permitirán determinar que la responsabilidad es tuya y dar las órdenes necesarias sin demora.

La dignidad personal es importante en el liderazgo militar. Sé amigo de tus hombres, pero sin llegar a una amistad íntima. Tus hombres deberían admirarte, ¡no temerte! Si tus hombres presumen de haberse familiarizado contigo, es tu culpa y no de ellos. Tus acciones los han alentado a hacerlo. Y, sobre todo, no busques su amistad mediante el cortejo. Te despreciarán por ello. Si ere digno de su lealtad, respeto y devoción, seguramente te darán todo esto sin pedirlo. Si no lo eres, nada de lo que puedas hacer los ganará.

Y luego mencionaría el valor. Necesitas coraje moral, así como coraje mental, ese tipo de coraje moral que te permite adherirte sin vacilar a un determinado curso de acción, que tu juicio ha indicado como el más adecuado para asegurar los resultados deseados.

Encontrarás muchas veces, especialmente en la acción, que, después de haber dado tus órdenes de hacer cierta cosa, te asaltarán recelos y dudas; verás, o creerás ver, medios mejores para alcanzar el objeto buscado. Estarás muy tentado de cambiar tus órdenes. No lo haga hasta que se compruebe claramente que tus primeras órdenes fueron radicalmente erróneas. Porque, si lo haces, estarás nuevamente preocupado por las dudas sobre la eficacia de tus segundas órdenes.

Cada vez que cambias tus órdenes sin una razón obvia, debilitas tu autoridad y mermas la confianza de tus hombres. Ten el valor moral de cumplir tus órdenes.

El coraje moral exige además que asumas la responsabilidad de tus propios actos. Si tus subordinados han cumplido lealmente tus órdenes y el movimiento que dirigiste es un fracaso, el fracaso es tuyo, no de ellos. Tuyo habría sido el honor si hubieras tenido éxito. Asume la responsabilidad si se produce un desastre. No intentes responsabilizar a un subordinado. Es un acto cobarde.

El coraje es más que valentía. La valentía es intrepidez, la ausencia de miedo. El más tonto puede ser valiente, porque carece de la mentalidad para apreciar el peligro; no sabe lo suficiente como para tener miedo.

El coraje, sin embargo, es esa firmeza de espíritu, esa columna vertebral moral que, aunque aprecie plenamente el peligro que implica, sigue adelante con la empresa. La valentía es física; el coraje es mental y moral. Puedes tener frío por todas partes; tus manos pueden temblar; tus piernas pueden temblar; tus rodillas estén a punto de ceder, eso es miedo.

Si, no obstante, sigues adelante; si, a pesar de esta flaqueza física, continúas conduciendo a tus hombres contra el enemigo, tienes valor. Las manifestaciones físicas del miedo desaparecerán. Es posible que nunca las sufras de nuevo.

Y, por último, si aspiras al liderazgo, te insto a que estudies a las personas.

Métete bajo su piel y averigua lo que llevan dentro. Algunas personas son bastante diferentes de lo que parecen ser a primera vista. Determina el funcionamiento de su mente.

Gran parte del éxito del general Robert E. Lee como líder puede atribuirse a su habilidad como psicólogo. Conocía a la mayoría de sus oponentes de los días de West Point, conocía el funcionamiento de sus mentes y creía que harían ciertas cosas bajo ciertas circunstancias. En casi todos los casos, pudo anticipar sus movimientos y bloquear la ejecución.

Puede que no conozcas a tu oponente de la misma manera. Pero puedes conocer a tus propios hombres. Puedes estudiar a cada uno de ellos para determinar dónde radica su fuerza y su debilidad; en cuál se puede confiar hasta el último suspiro y en cuál no.

¡Conoce a tus hombres, conoce tu negocio, conócete a ti mismo! El discurso del Mayor Bach bien podría ser dirigido a cada joven que se gradúa de bachillerato. Podría ser entregado a todos los graduados universitarios. Podría convertirse en el libro de reglas para todo aquel que ocupe una posición de liderazgo, sin importar en qué vocación, negocio o profesión.

¡Uno de los principales requisitos para el Liderazgo es el poder de DECISIÓN rápida y firme!

El análisis de más de 16.000 personas reveló que los Líderes son siempre hombres de rápida decisión, incluso en asuntos de poca importancia, mientras que el seguidor NUNCA es una persona de rápida decisión.

Un vendedor de LaSalle Extension University visitó a un agente inmobiliario en un pequeño pueblo del oeste con el propósito de tratar de venderle un curso de Ventas y Administración de Empresas.

Cuando el vendedor llegó a la oficina del futuro estudiante, encontró al caballero escribiendo una carta con el método de dos dedos en una anticuada máquina de escribir. El vendedor se presentó, luego procedió a exponer su negocio y describir el curso que había venido a vender.

El agente inmobiliario escuchó con aparente interés. Una vez finalizada la charla de ventas, el vendedor dudó, esperando algunas señales de "sí" o "no" de su posible cliente. Pensó que quizá la charla no había sido lo suficientemente convincente, repasó brevemente los puntos fuertes del curso que estaba vendiendo, por segunda vez. Pero tampoco consiguió respuesta del futuro estudiante.

Luego, el vendedor hizo la pregunta directa: "¿Quiere este curso, verdad?" Con un tono de voz lento y arrastrado, el agente inmobiliario respondió: "Bueno, no sé si lo quiero o no".

Sin duda decía la verdad, porque era uno de los millones de hombres a los que les cuesta tomar decisiones.

Como buen conocedor de la naturaleza humana, el vendedor se levantó, se puso el sombrero, guardó la información en el maletín y se dispuso a marcharse. Entonces recurrió a una táctica algo drástica y sorprendió al agente inmobiliario con esta sorprendente afirmación:

"Me voy a permitir decirle algo que no le gustará, pero que puede serle de ayuda".

"¡Eche un vistazo a esta oficina en la que trabaja! El suelo está sucio; las paredes están polvorientas; la máquina de escribir que está usando parece ser la que usó el Sr. Noé en el Arca durante el diluvio universal; sus pantalones están rotos en las rodillas; su cuello, sucio; su cara sin afeitar y su mirada me dice que está derrotado.

"Por favor, vamos, enfádate; eso es lo que quiero que hagas, porque puede que te sorprenda y te haga pensar en algo que te será útil a ti y a los que dependen de ti".

"Puedo ver, en mi imaginación, la casa en la que vives. Varios niños pequeños, no demasiado bien vestidos y quizás tampoco muy bien alimentados; una madre cuyo vestido está pasado de moda tres temporadas, cuyos ojos tienen la misma mirada de derrota que los tuyos. Esta mujercita con la que te casaste ha estado a tu lado, pero no te ha ido tan bien en la vida como ella esperaba cuando os casasteis".

"Por favor, recuerda que ahora no estoy hablando con un posible alumno, porque no le vendería este curso en ESTE MOMENTO EN PARTICULAR si me ofrecieras pagar en efectivo por adelantado, porque si lo hicieras, no tendrías la iniciativa para completarlo, y no queremos fracasos en nuestra lista de estudiantes".

"La charla que te estoy dando hará imposible, tal vez, que yo te venda algo, pero va a hacer algo por ti que nunca se ha hecho antes, siempre que te haga pensar".

"Ahora, te diré en muy pocas palabras exactamente por qué estás derrotado, por qué estás escribiendo en una vieja máquina de escribir, en una oficina vieja y sucia, en un pueblecito: ES PORQUE NO TIENES EL PODER DE ¡TOMAR UNA DECISIÓN!

"Toda tu vida has estado formando el hábito de eludir la responsabilidad de tomar decisiones, hasta que has llegado a un punto donde te es casi imposible hacerlo".

El agente inmobiliario se quedó pegado a su silla, con la mandíbula baja, los ojos desorbitados por el asombro, pero no hizo ningún intento de responder a la mordaz acusación.

El vendedor se despidió y se dirigió a la puerta. Después de haberla cerrado, volvió a abrirla, volvió a entrar con una sonrisa en su rostro, se sentó frente al asombrado agente inmobiliario, y explicó su conducta de esta manera:

"No te culpo en absoluto si te sientes herido por mis comentarios. En cierto modo, espero que te haya ofendido, pero ahora déjame decir esto, de hombre a hombre: creo que eres inteligente y estoy seguro de que eres habilidoso, pero has caído en un hábito que te ha perjudicado. Ningún hombre está tan abajo hasta que está enterrado. Puede que estés deprimido por una temporada, pero puedes levantarte de nuevo, y ahora puedo darte la mano y ofrecerte un impulso, si aceptas mis disculpas por lo que he dicho".

"Tú no perteneces a este pueblo. Te morirás de hambre en el negocio inmobiliario de este lugar, incluso aunque fueras un líder en tu campo. Cómprate un traje nuevo, aunque tengas que pedir prestado el dinero para hacerlo, luego ven a St. Louis conmigo y te presentaré a un agente inmobiliario que te dará una oportunidad para ganar algo de dinero y al mismo tiempo enseñarte cosas importantes del sector que podrás rentabilizar más adelante.

"Si no tienes dinero suficiente para comprar la ropa que necesitas, te sugiero que acudas a una tienda en St. Louis donde tengo una cuenta abierta. Hablo en serio y mi oferta de ayudarte se basa en el motivo más importante que puede impulsar a un ser humano. Tengo éxito en mi área, pero no siempre ha sido así. Pasé justo lo que tú estás pasando ahora, pero lo importante es que YO LO PASÉ y lo superé, TAL COMO TÚ LO HARÁS SI SIGUES MIS CONSEJOS.

"¿Quieres venir conmigo?"

Iba a seguir el consejo, pero lo haría a su manera.

Se inscribió en el curso de técnicas de venta y gestión empresarial, hizo el primer pago en monedas cinco centavos y le dijo al vendedor que volvería a saber de él.

Tres años más tarde, este agente inmobiliario tenía una organización de sesenta vendedores y uno de los negocios inmobiliarios más exitosos en la ciudad de St. Louis. El autor de este libro (que era gerente de publicidad de LaSalle Extension University en el momento en que eso ocurrió) estuvo muchas veces en la oficina de este agente inmobiliario y lo ha seguido durante más de quince años. Es un hombre completamente diferente de la persona entrevistada por el vendedor de LaSalle hace más de quince años, y lo que lo hizo diferente es lo mismo que te hará a TI diferente: es el poder de DECISIÓN que es tan esencial para el Liderazgo.

Este agente inmobiliario es ahora un líder en el campo inmobiliario. Dirige a otros vendedores y les ayuda a ser más eficientes. Este único cambio en su filosofía ha convertido la derrota temporal en éxito. Cada nuevo vendedor que empieza a trabajar para él acude primero a su oficina antes de ser contratado y le cuenta la historia de su propia transformación, palabra por palabra, tal como ocurrió cuando el vendedor de LaSalle lo conoció por primera vez en su pequeña y destartalada agencia inmobiliaria.

El éxito, sin importar cuál sea la concepción que uno tenga de ese término, es casi siempre una cuestión de la capacidad de uno para lograr que otros subordinen sus propias individualidades y sigan a un Líder. El Líder que tiene la Personalidad y la Imaginación para inducir a sus seguidores a aceptar sus planes y llevarlos a cabo fielmente es siempre un Líder capaz.

20 cualidades que deben poseer los futuros líderes

1. DOMINIO COMPLETO SOBRE LOS SEIS MIE-DOS BÁSICOS.

2. Voluntad de subordinar los intereses personales por el bien de sus seguidores. Control total sobre la avaricia y la CODICIA.

3. Único propósito, reflejado por un programa definido de liderazgo que se adapte a las necesidades del momento.

4. Comprensión y aplicación del principio "Mente Maestra", a través del cual se puede lograr el poder a través de la coordinación de esfuerzos en un espíritu de ARMONÍA.

5. Autoconfianza en su máxima expresión.

6. Habilidad para tomar DECISIONES rápidamente y mantenerse firme en ellas.

7. IMAGINACIÓN suficiente que permita anticipar las necesidades del momento y crear planes para satisfacer esas necesidades.

8. INICIATIVA en su forma más intensa.

9. Entusiasmo y capacidad de transmitirlo a sus seguidores.

10. Autocontrol en su máxima expresión.

11. La voluntad de ofrecer más de lo que se recibe a cambio.

12. Una personalidad agradable y atractiva.

13. La capacidad de PENSAR DE FORMA PRECISA.

14. La capacidad de cooperar con los demás en un espíritu de armonía.

15. La persistencia en concentrar pensamientos y esfuerzos en una tarea dada hasta que se haya completado.

16. La capacidad y la "perspicacia" para sacar provecho de los errores y fracasos.

17. Tolerancia en su máxima expresión.

18. La moderación en todas sus formas.

19. Honradez deliberada tanto de propósito como de hecho.

20. Por último, pero no menos importante, la estricta adherencia a la Regla de Oro, como base de todas las relaciones con los demás.

Cada una de estas cualidades está a tu disposición si aplicas la filosofía de la Ley del Éxito.

LA LEY DEL ÉXITO

Lección Seis

Imaginación

"¡Puedes hacerlo si crees que puedes!"

La IMAGINACIÓN es el taller de la mente humana donde las viejas ideas y los hechos establecidos se pueden volver a ensamblar en nuevas combinaciones y darles nuevos usos. El diccionario moderno define la imaginación de la siguiente manera:

"El acto del intelecto creativo al agrupar los conocimientos o pensamientos en conceptos nuevos, originales y racionales; la facultad constructiva o creadora; abarcando la imaginación poética, artística, filosófica, científica y ética".

"El poder de representación de la mente; la formación de imágenes mentales, dibujos o representaciones mentales de objetos o ideas, particularmente de objetos de percepción sensorial y de razonamiento matemático; también la reproducción y combinación, generalmente con modificaciones más o menos irracionales o anormales, de las imágenes o ideas de la memoria o hechos recordados de la experiencia".

Este capítulo sobre la imaginación podría llamarse el "núcleo" de este libro, porque todos los demás capítulos conducen a este y hacen uso del principio en el que se basa, al igual que todos los cables de telefonía conducen a la central telefónica. Nunca tendrás un propósito definido en la vida, nunca tendrás confianza en ti mismo, nunca tendrás iniciativa y liderazgo, a menos que primero crees estas cualidades en tu imaginación y te veas en posesión de ellas.

Como primer ejemplo del poder de la imaginación en los éxitos empresariales actuales, tomaremos el caso de Clarence Saunders, quien organizó el sistema Piggly Wiggly de tiendas de alimentación de autoservicio.

Saunders era dependiente en una pequeña tienda del sur. Un día, estaba esperando su turno en la cola de una cafetería con una bandeja en sus manos. Nunca había ganado más de $20 por semana antes de ese momento, y nadie había notado nada en él que indicara una habilidad inusual, pero algo sucedió en su mente, mientras estaba en esa fila de gente esperando, que puso a trabajar su imaginación. Con la ayuda de su imaginación, sacó aquella idea de "autoayuda" de la cafetería en la que había encontrado (sin crear nada nuevo, simplemente trasladando una vieja idea a un nuevo uso) y la depositó en una tienda de comestibles. En un instante, había establecido el plan de la cadena de tiendas Piggly Wiggly, y Clarence Saunders, el dependiente que cobraba veinte dólares a la semana, se convirtió rápidamente en el tendero millonario de Estados Unidos.

¿Dónde, en esa operación, se ve el más mínimo rasgo de un comportamiento que no podrías tú reproducir?

Cuando Thomas A. Edison inventó la bombilla de luz incandescente, simplemente reunió dos principios antiguos y bien conocidos y los asoció en una nueva combinación. El Sr. Edison y prácticamente todos los demás que sabían de electricidad conocían que se podía producir una luz calentando un pequeño cable con electricidad, pero lo difícil era hacer esto sin partir el cable en dos. En su experimentación, el Sr. Edison probó todo tipo de cables, con la esperanza de encontrar alguna sustancia que resistiera el tremendo calor al que debía ser sometido para producir luz.

Su invento estaba a medio completar, pero no tenía ningún valor práctico hasta que pudiera encontrar el eslabón perdido que proporcionaría la otra mitad. Después de miles de pruebas y mucha combinación de viejas ideas en su imaginación, Edison finalmente encontró este eslabón que faltaba. En sus estudios de física, había aprendido, como todos los demás estudiantes de esta materia, que no puede haber combustión sin la presencia de oxígeno. Por supuesto, sabía que la dificultad de producir luz eléctrica era la falta de un método para controlar el calor. Cuando se le ocurrió que no podía haber combustión donde no había oxígeno, colocó el pequeño alambre de su aparato de luz eléctrica dentro de un globo de cristal, aisló todo el oxígeno, y ¡he aquí! la luz incandescente se hizo realidad.

Cuando el sol se ponga esta noche, te acercas a la pared, presionas un botón y enciendes la luz, una simple acción que habría desconcertado a la gente de hace unas pocas generaciones y, sin embargo, no hay ningún misterio detrás de esta acción. Gracias al uso de la imaginación de Edison, simplemente unió dos fundamentos que ya existían desde el principio de los tiempos.

Andrew Carnegie era un hombre creativo. Primero creó un propósito definido y luego se rodeó de hombres que tenían el entrenamiento y la visión y la capacidad necesaria para la transformación de ese propósito en realidad. Carnegie no siempre creó sus propios planes para el logro de su propósito definido. Se dedicó a saber lo que quería y luego encontró a las personas que crearan los planes a través de los cuales conseguirlo. Y eso no era solo imaginación, era un genio del más alto nivel.

Pero debe quedar claro que los hombres del estilo del Sr. Carnegie no son los únicos que pueden hacer un uso provechoso de la imaginación. Este gran poder está a disposición tanto del emprendedor principiante como de los ya establecidos.

Una mañana, el coche particular de Charles M. Schwab paró junto a la acera en la planta Bethlehem Steel de la compañía. Cuando se apeó de su automóvil, fue recibido por un joven taquígrafo que dijo que había venido para asegurarse de que cualquier carta o telegrama que el Sr. Schwab quisiera escribir sería atendido con rapidez. Nadie le dijo a este joven que estuviera allí, pero tuvo la suficiente imaginación para saber que su presencia no perjudicaría sus posibilidades de ascenso. A partir de ese día, este joven quedó "señalado" para el ascenso. El Sr. Schwab lo ascendió porque había hecho lo que cualquiera de la docena de otros taquígrafos empleados por Bethlehem Steel Company podría haber hecho, pero no hizo. Hoy este mismo hombre es el presidente de una de las empresas farmacéuticas más grandes del mundo y tiene todos los bienes y mercancías que quiere y mucho más de lo que necesita.

Hace unos años, recibí una carta de un joven que acababa de terminar en la Escuela de Negocios y que quería conseguir un empleo en mi oficina. Con su carta, envió un billete de diez dólares que nunca había sido doblado. La carta decía lo siguiente:

"Acabo de terminar un curso comercial en una escuela de negocios de primera nivel, y quiero un puesto en su oficina porque soy consciente de cuánto valdría para un joven que recién comienza su carrera comercial, tener el privilegio de trabajar bajo la dirección de un hombre como usted".

"Si el billete de diez dólares adjunto es suficiente para pagar el tiempo que dedicaría a darme las instrucciones de mi primera semana, quiero que lo acepte. Trabajaré el primer mes sin paga, y puede fijar mi salario después en función de lo que demuestre que valgo".

"Deseo este trabajo más nada en mi vida, y estoy dispuesto a hacer cualquier sacrificio razonable para conseguirlo. Muy cordialmente".

Este joven tuvo su oportunidad en mi oficina. Su imaginación le dio la oportunidad que deseaba, y antes de que expirara su primer mes, el presidente de una compañía de seguros de vida que se enteró de este hecho le ofreció al joven un puesto de secretario privado con un salario sustancial. Hoy es funcionario de una de las mayores compañías de seguros de vida del mundo.

Theodore Roosevelt grabó su nombre en la historia por una cosa que hizo durante su mandato como presidente de los Estados Unidos, mientras que todo lo demás ha quedado prácticamente en el olvido. Ese hecho le marcó en la historia como un hombre creativo.

Puso las excavadoras a trabajar para construir el Canal de Panamá.

Todos los presidentes, desde Washington hasta Roosevelt, podrían haber comenzado el canal y haberlo finalizado, pero parecía una empresa tan colosal que requería no solo imaginación sino también de coraje. Roosevelt tenía ambos, y el pueblo de los Estados Unidos tiene el canal.

A los cuarenta años, la edad en la que el hombre promedio comienza a pensar que es demasiado viejo para comenzar algo nuevo, James J. Hill estaba sentado en la tecla del telégrafo, con un salario de $ 30 por mes. No tenía capital.

No tenía amigos influyentes con capital, pero tenía algo que es más poderoso que cualquiera de ellos: la imaginación.

En su mente, visionó un gran sistema ferroviario que penetraría en el noroeste aún sin desarrollar y uniría los océanos Atlántico y Pacífico. Su imaginación era tan grande que hizo ver a los demás las ventajas de ese sistema ferroviario y, a partir de ahí, la historia es bastante familiar para cualquier escolar. Me gustaría destacar la parte de la historia que la mayoría de la gente nunca menciona: que el Hill's Great Northern Railway se hizo realidad primero en su propia imaginación. El ferrocarril se construyó con vías de acero y traviesas de madera, al igual que se construyen otros ferrocarriles, y todo se pagó del mismo modo que se pagan otros ferrocarriles, pero si quieres conocer la verdadera historia del éxito de James J. Hill, debes ir a esa pequeña estación de ferrocarril donde trabajaba por 30 dólares al mes y allí atarás los cabos de cómo tejió ese poderoso sistema ferroviario, con materiales no más visibles que los pensamientos que fluyeron de su imaginación.

En la ciudad de Chicago, el suelo de un bulevar se elevó muy considerablemente, lo que arruinó una fila de hermosas residencias porque la acera se elevó al nivel de las ventanas del segundo piso. Mientras los propietarios se lamentaban de su mala fortuna, llegó un hombre imaginativo, compró la propiedad por una "miseria", convirtió los segundos pisos en espacios comerciales y ahora disfruta de buenos alquileres.

Al leer estas líneas, ten en cuenta todo lo que se dijo al comienzo de este capítulo, especialmente el hecho de que lo más grande y provechoso que puedes hacer con tu imaginación es reorganizar viejas ideas en nuevas combinaciones.

Si usas adecuadamente tu imaginación, te ayudará a convertir tus fracasos y errores en activos de valor incalculable;

te llevará a descubrir una verdad conocida sólo por aquellos que usan su imaginación, a saber, que los mayores reveses y desgracias de la vida a menudo abren la puerta a oportunidades de oro.

Quizá no haya ningún campo de actividad en el que la imaginación desempeñe un papel tan importante como en la venta. El experto vendedor ve en su propia imaginación los beneficios de los productos que vende o del servicio que presta, y si no lo hace, no logrará la venta.

Hace unos años, se realizó una venta que se dice que fue la venta más trascendental e importante de su tipo jamás realizada. El objeto de la venta no era la mercancía, sino la libertad de un hombre que estaba recluido en la prisión de Ohio y el desarrollo de un sistema de reforma penitenciaria que promete un cambio radical en el método de tratar con hombres y mujeres desafortunados que han caído en las fauces de la ley.

Para que puedas observar cómo la imaginación juega un papel importante en el arte de vender, analizaré esta venta para ti, con las debidas disculpas por las referencias personales, que no pueden evitarse para que este ejemplo se entienda.

Hace unos años, me invitaron a hablar ante los reclusos de la penitenciaría de Ohio. Cuando subí a la plataforma, vi en la audiencia ante mí a un hombre a quien había conocido como un exitoso hombre de negocios, más de diez años antes. Ese hombre era B_, cuyo indulto obtuve luego y la historia de cuya liberación se ha difundido en la portada de prácticamente todos los periódicos de los Estados Unidos. Tal vez lo recuerdes.

Después de finalizar mi discurso, entrevisté al Sr. B_ y descubrí que había sido condenado por delito de estafa por un período de veinte años. Después de que me contara su historia, le dije:

¡Te sacaré de aquí en menos de sesenta días! Con una sonrisa forzada, respondió: "Admiro tu espíritu pero cuestiono tu juicio. ¿Sabes que al menos veinte hombres influyentes han intentado por todos los medios a su alcance liberarme, sin éxito? ¡Es imposible!"

Supongo que fue ese último comentario —Es imposible— lo que me retó a demostrarle que se podía hacer. Regresé a la ciudad de Nueva York y le pedí a mi esposa que hiciera las maletas y se preparara para una estancia indefinida en la ciudad de Columbus, donde se encuentra la penitenciaría de Ohio.

¡Tenía un propósito definido en mente! Ese propósito era sacar a B_ de la penitenciaría de Ohio. No solo tenía en mente conseguir su libertad, sino que pretendía hacerlo de tal manera que su liberación borrara de su pecho la palabra de "preso" y al mismo tiempo mostrar el reconocimiento de todos los que ayudaron a lograr su libertad.

Ni una sola vez dudé que lograría su liberación, porque ningún vendedor puede hacer una venta si duda de que puede hacerlo. Mi esposa y yo regresamos a Columbus y nos instalamos en de forma permanente.

Al día siguiente, visité al gobernador de Ohio y expuse el objeto de mi visita más o menos con estas palabras:

"Gobernador: He venido a pedirle que libere a B_ de la penitenciaría de Ohio. Tengo buenas razones para solicitar su liberación, y espero que le concedan la libertad de una vez, pero he venido dispuesto a quedarme hasta que sea liberado, no importa cuánto tiempo pase.

"Durante su encarcelamiento, B_ lanzó un sistema de formación por correspondencia en la penitenciaría de Ohio, como por supuesto usted sabe. Ha influido en 1729 de los 2518 reclusos de la penitenciaría de Ohio para que reciban clases. Se las ha arreglado para conseguir suficientes libros de texto y material didáctico con los que mantener a estos hombres trabajando en sus lecciones, y lo ha hecho sin un centavo de gasto para el estado de Ohio. El director y el sacerdote de la penitenciaría me dicen que ha seguido las normas de la prisión. Seguramente un hombre que puede influir en 1729 hombres para que dirijan sus esfuerzos hacia la superación personal no puede ser un tipo muy malo.

"He venido a pedirle que libere a B_ porque deseo colocarlo al frente de una escuela penitenciaria que le dará a los 160.000 reclusos de las demás penitenciarías de los Estados Unidos la oportunidad de beneficiarse de su influencia. Estoy dispuesto a asumir toda la responsabilidad por su conducta después de su liberación.

"Ese es mi caso, pero, antes de que me dé su respuesta, quiero que sepa que no soy ajeno al hecho de que sus enemigos probablemente le criticarán si lo libera; de hecho, si lo libera, puede costarle muchos votos si vuelve a presentarse a las elecciones".

Con el puño cerrado y la mandíbula ancha apretada con firmeza, el gobernador Vic Donahew de Ohio dijo:

"Si eso es lo que quiere con B_, lo liberaré aunque me cueste cinco mil votos. Sin embargo, antes de firmar el indulto, quiero que vea a la Junta de Clemencia y obtenga su recomendación favorable. Quiero que obtenga también la recomendación favorable del director y el sacerdote de la penitenciaría de Ohio. Usted sabe que un gobernador está sometido al Tribunal de Opinión Pública, y estos caballeros son los representantes de ese Tribunal.

¡La venta estaba hecha! Y toda la transacción había requerido menos de cinco minutos.

Al día siguiente, regresé a la oficina del gobernador, acompañado por el sacerdote de la penitenciaría de Ohio, y notifiqué al gobernador que la Junta de Clemencia, el director y el sacerdote se sumaron para recomendar la liberación. Tres días después, se firmó el indulto y B_ atravesó las grandes puertas de hierro como un hombre libre.

He citado los detalles para mostrarle que no hubo nada complicado en la transacción. El trabajo preliminar para el lanzamiento había sido preparado antes de que apareciera en escena. B_ lo había hecho, por su buena conducta y el servicio que había prestado a aquellos 1729 prisioneros. Cuando creó el primer sistema de escuelas por correspondencia de prisiones del mundo, creó la llave que abrió las puertas de la prisión para sí mismo.

¿Por qué, entonces, los demás que pidieron su liberación no la consiguieron? ¡Fracasaron porque no usaron la imaginación!

Tal vez le pidieron al gobernador que liberara a B_ porque sus padres eran personas prominentes o porque era un graduado universitario y no era un mal tipo. No le proporcionaron al gobernador de Ohio un motivo suficiente que lo justificara para otorgar un indulto, porque si no hubiera sido así, sin duda habría liberado a B_ mucho antes de que yo apareciera en escena y pidiera su liberación.

Antes de ir a ver al gobernador, repasé todos los hechos y en mi propia imaginación me vi a mí mismo en el lugar del gobernador y decidí qué tipo de presentación me atraería más si en realidad estuviera en su lugar.

Cuando pedí la liberación de B_, lo hice en nombre de los 160.000 desafortunados hombres y mujeres reclusos de la prisiones de los Estados Unidos que disfrutarían de los beneficios del sistema de escuelas por correspondencia que él había creado. No dije nada sobre sus prominentes padres. No dije nada sobre mi amistad con él durante años. No dije nada de que fuera un hombre digno. Todos esas razones podrían haber sido esgrimidas para su liberación, pero parecían insignificantes en comparación con la razón más grande y sólida de que su liberación sería de ayuda para otras 160,000 personas que sentirían la influencia de su sistema formativo por correspondencia después su liberación.

Cuando el gobernador de Ohio tomó una decisión, no dudo que B_ tuviera una importancia secundaria en lo que a su decisión se refería. El gobernador sin duda vio un posible beneficio, no solo para B_, sino para otros 160.000 hombres y mujeres que necesitaban la influencia que B_ podría proporcionar, si era liberado.

¡Y eso era imaginación!

Cualquiera que sea el trabajo de su vida, requiere el uso de la imaginación.

Las cataratas del Niágara no eran más que una gran masa de agua rugiente hasta que un hombre con imaginación la aprovechó y convirtió la energía desperdiciada en corriente eléctrica que ahora hace girar las ruedas de la industria. Antes de que apareciera este hombre imaginativo, millones de personas habían visto y escuchado esas cataratas rugientes, pero carecían de imaginación para aprovecharlas.

Si los vientos de la Fortuna soplan temporalmente en su contra, recuerda que puedes aprovecharlos y hacer que te lleven hacia tu propósito definido, mediante el uso de tu imaginación. Una cometa se eleva contra el viento, ¡no con él!

No hace mucho vi a mi esposa hacer una venta muy inteligente a nuestro bebé. El bebé estaba golpeando con una cuchara la parte superior de nuestra mesa de caoba de la biblioteca. Cuando mi esposa alcanzó la cuchara, el bebé se negó a dársela, pero al ser una mujer creativa, le ofreció al bebé un bonito caramelo rojo; soltó la cuchara inmediatamente y centró su atención en el objeto más deseable.

¡Eso fue imaginación! También era una buena vendedora. Lo consiguió sin usar la fuerza.

Un hombre que había perdido un caballo ofreció una recompensa de cinco dólares por su recuperación. Varios días después, un niño que parecía "torpe" llegó montando el caballo a casa y reclamó la recompensa. El dueño tuvo curiosidad por saber cómo el niño encontró el caballo. ¿Cómo se te ocurrió pensar dónde buscar el caballo? preguntó, y el niño respondió: "Bueno, solo pensé dónde habría ido yo si hubiera sido un caballo y fui allí, y así fue". No está tan mal para un tipo "torpe". Algunos a los que no se les supone torpes pasan toda la vida sin mostrar tanta imaginación como lo hizo este chico.

Si quieres saber qué hará otro, usa tu imaginación, ponte en su lugar y averigua qué habrías hecho tú. Eso es imaginación.

La imaginación nunca está tan activa como cuando uno se enfrenta a una emergencia que requiere una decisión y una acción rápidas y definitivas.

Es de sobra conocido que la única manera en que un niño o una niña mimados en exceso pueden volverse útiles es forzándolos a ser autosuficientes. Esto exige tanto el ejercicio de la imaginación como de la decisión, ninguna de las cuales se usaría si no fuese por necesidad.

El fallecido Dr. Harper, que fuera presidente de la Universidad de Chicago, fue uno de los presidentes universitarios más eficientes de su época. Le gustaba recaudar fondos en grandes cantidades. Fue él quien indujo John D. Rockefeller a contribuir con millones de dólares al sostenimiento de la Universidad de Chicago.

El siguiente caso servirá para mostrar cómo el Dr. Harper hizo uso de la imaginación para recaudar grandes sumas de dinero:

Necesitaba un millón de dólares más para la construcción de un nuevo edificio. Haciendo una lista de los hombres ricos de Chicago a los que podría recurrir por esta gran suma, se decidió por dos hombres, cada uno de los cuales era millonario, y ambos eran enemigos acérrimos.

Uno de ellos era, en ese momento, el jefe de la compañía de ferrocarriles de Chicago. Eligió la hora del mediodía, cuando el personal de la oficina y la secretaria de este hombre, en particular, solían salir a almorzar, el Dr. Harper entró en la oficina con indiferencia y, al no encontrar a nadie de guardia en la puerta exterior, entró en la oficina de su pretendida "víctima", a quien sorprendió por su aparición sin previo aviso.

"Mi nombre es Harper", dijo el médico, "y soy presidente de la Universidad de Chicago. Perdone mi intrusión, pero no encontré a nadie en el despacho exterior (lo cual no fue un mero accidente), así que me tomé la libertad de entrar.

"He pensado en usted y en su sistema de ferrocarril muchas, muchas veces. Ha construido un sistema maravilloso, y entiendo que ha ganado mucho dinero por sus esfuerzos. Sin embargo, nunca pienso en usted sin que se me ocurra que uno de estos días se presentará ante el Gran Desconocido y cuando se haya ido no quedará nada como recuerdo a su nombre, porque otros tomarán el relevo de su dinero, y el dinero tiene una forma de perder su identidad muy rápidamente, tan pronto como cambia de manos.

"A menudo he pensado en ofrecerle la oportunidad de perpetuar su nombre al permitirle construir un nuevo edificio en los terrenos de la Universidad y ponerle su nombre. Le hubiera ofrecido esta oportunidad hace mucho tiempo si no fuera por el hecho de que uno de los miembros de nuestra Junta desea que el honor sea para el Sr. X— (el enemigo del jefe del tranvía). Personalmente, sin embargo, siempre le he preferido y le sigo prefiriendo, y si tengo su permiso para hacerlo, voy a tratar de inclinar la opinión hacia usted.

"Sin embargo, hoy no he venido a pedirle ninguna decisión, ya que estaba de paso y pensé que era un buen momento para dejarme caer por aquí y conocerle. Piense sobre este asunto y si desea volver a hablar conmigo al respecto, llámeme por teléfono cuando quiera".

"¡Buenos días señor! Estoy feliz de haber tenido esta oportunidad de conocerle".

Con estas palabras, se retiró sin darle al jefe de la compañía ferroviaria la oportunidad de decir sí o no. De hecho, el hombre de los tranvías tuvo muy pocas posibilidades de hablar. Habló el Dr. Harper. Así fue como lo planeó. Entró en la oficina simplemente para plantar la semilla, creyendo que germinaría y cobraría vida a su debido tiempo.

Su creencia no carecía de fundamento. Apenas había regresado a su oficina de la universidad cuando sonó el teléfono. El hombre del tranvía estaba al otro lado del cable. Pidió una cita con el Dr. Harper, que le fue concedida, y los dos se encontraron en la oficina del Dr. Harper a la mañana siguiente, y el cheque por un millón de dólares estuvo en manos del Dr. Harper una hora después.

A pesar de que el Dr. Harper era un hombre menudo, y de aspecto más bien insignificante, se decía de él que "tenía una forma de ser que le permitía conseguir todo lo que perseguía".

¿Y cuál era ese "don" que se le atribuía?

Ni más ni menos que su conocimiento del poder de la imaginación.

¿Hay alguna oportunidad hoy en día para usar la imaginación? Por supuesto, siempre la habrá. He aquí dos ideas:

Algún inventor que entienda el valor de la imaginación y tenga un conocimiento práctico del principio de la radio puede hacer una fortuna perfeccionando un sistema de alarma antirrobo que avise a la policía y al mismo tiempo encienda las luces y haga sonar un gong en el lugar a punto de ser robado, con la ayuda de aparatos similares a los que ahora se utilizan para la radiodifusión.

El propietario de una gasolinera de carretera puede hacer un uso eficaz de la imaginación colocando un puesto de comida cerca de su estación de servicio y luego hacer publicidad atractiva a ambos lados de la carretera, llamando la atención sobre su "barbacoa", "sándwiches caseros" o cualquier otra cosa en la que desee especializarse. El puesto de comida hará que los automovilistas se detengan, y muchos de ellos repostarán gasolina antes de reanudar su camino.

Se trata de propuestas sencillas, que no suponen muchas complicaciones llevarlas a cabo, sin embargo son precisamente esos usos imaginativos los que conllevan el éxito financiero. La imaginación es esencial para el éxito, porque sin ella no se puede desarrollar un propósito definido importante.

LA LEY DEL ÉXITO

Lección Siete

Entusiasmo

"¡Puedes hacerlo si crees que puedes!"

El ENTUSIASMO es un estado mental que inspira y estimula a actuar en la tarea que se tiene entre manos. Es más que eso: es contagioso y afecta decisivamente no solo al entusiasta, sino a todos con quienes entra en contacto.

El entusiasmo tiene la misma relación con el ser humano que el vapor con la locomotora: es la fuerza motriz vital que impulsa la acción. Los más grandes líderes son aquellos que saben entusiasmar a sus seguidores.

Cómo te afectará el entusiasmo

Mezcla la ilusión con el trabajo, y no te parecerá duro ni aburrido. El entusiasmo dará tanta energía a todo tu cuerpo que te mantendrá despierto más tiempo del habitual, además, te permitirá realizar sin cansarte, de dos a tres veces más trabajo del que normalmente realizas en un período determinado.

Durante muchos años, he realizado la mayor parte de mis escritos de noche. Una de esas noches, mientras trabajaba entusiasmado en mi máquina de escribir, miré por la ventana de mi estudio, justo al otro lado de la plaza de la torre Metropolitan en la ciudad de Nueva York y vi algo que parecía un reflejo peculiar de la luna en la torre. Era de un tono gris plateado, como nunca antes había visto. Tras una observación más minuciosa, descubrí que el reflejo era el del sol de la mañana y no el de la luna. ¡Era de día! Había estado trabajando toda la noche, pero estaba tan absorto en mi tarea que la noche había pasado como si fuera solo una hora. Estuve trabajando todo ese día y toda la noche siguiente sin parar, excepto para comer un poco.

Dos noches y un día sin dormir y con muy poca comida, sin la menor evidencia de fatiga, no hubieran sido posibles si no hubiera mantenido mi cuerpo energizado con entusiasmo por el trabajo que tenía entre manos.

El entusiasmo no es sólo una forma de hablar; es una fuerza vital de la que se puede obtener provecho. Sin él, te parecerías a una batería eléctrica sin electricidad.

El entusiasmo es la fuerza vital con la que recargas tu cuerpo y desarrollas una personalidad dinámica. Algunas personas están dotadas de un entusiasmo natural, mientras que otras deben adquirirlo. El procedimiento por el que se puede desarrollar es simple. Comienza por hacer el trabajo o prestar el servicio que más le gusta a uno. Si estás en una situación en la que no puedes dedicarte al trabajo que más te gusta, entonces puedes proponerte un objetivo claro que contemple tu compromiso de dedicarte en un futuro a eso que más te gusta.

La felicidad, el objeto final de todo esfuerzo humano, es un estado mental que sólo puede mantenerse a través de la esperanza de logros futuros. La felicidad siempre está en el futuro y nunca en el pasado. La persona feliz es la que sueña con logros que aún no ha alcanzado. La casa que pretendes tener, el dinero que quieres ganar y depositar en el banco, el viaje que ansías realizar cuando puedas permitírtelo, la posición en la vida que quieres ocupar cuando estés preparado, y la preparación misma: estas son las cosas que producen felicidad. Del mismo modo, estos son los ingredientes de los que se compone tu objetivo principal definido; estas son las cosas que hacen que te entusiasmes, sin importar cuál sea tu situación actual en la vida.

Hace más de veinte años, me entusiasmé con una idea. Cuando la idea tomó forma por primera vez en mi mente, no estaba preparado para dar ni siquiera el primer paso hacia su transformación en realidad. Pero lo cuidé en mi mente, me entusiasmé al mirar hacia adelante, en mi imaginación, y vi el momento en que estaría preparado para hacerlo realidad.

La idea era esta: quería convertirme en el editor de una revista, basada en la Regla de Oro, a través de la cual pudiera inspirar a las personas a tener el valor de interactuar con los demás.

¡Por fin llegó mi oportunidad! El Día del Armisticio de 1918 escribí el primer editorial de lo que se convertiría en la realización material de una esperanza que había estado latente en mi mente durante casi una veintena de años.

Con entusiasmo vertí en esa editorial las emociones que había ido gestando en mi corazón durante un período de más de veinte años. Mi sueño se hizo realidad. Dirigir una revista de ámbito nacional se había hecho realidad.

Como ya he dicho, escribí ese editorial con entusiasmo. Se lo llevé a un conocido y se lo leí entusiasmado. El editorial terminaba con estas palabras: "Por fin mi sueño de veinte años está a punto de hacerse realidad. Se necesita dinero, y mucho, para publicar una revista nacional, y no tengo la menor idea de dónde voy a sacar este factor esencial, pero esto no me preocupa en absoluto porque sé que lo voy a sacar de algún lado". Mientras escribía esas líneas, mezclé entusiasmo y fe en ellas.

Apenas había terminado de leer este editorial cuando el hombre a quien se lo leí, la primera y única persona a quien se lo mostré, dijo:

"Puedo decirle de dónde vas a sacar el dinero, porque yo te lo voy a proporcionar". ¡Y lo hizo!

Sí, el entusiasmo es una fuerza vital, tan vital, que ningún hombre que lo tenga muy desarrollado puede siquiera aproximarse a su potencial de logro.

Cómo afectará tu entusiasmo a los demás

Llegamos ahora a uno de los temas más importantes de este libro: la sugestión.

La sugestión es el principio a través del cual tus palabras y tus actos e incluso tu estado de ánimo influyen en los demás.

Cuando estás entusiasmado con los productos que vendes, los servicios que ofreces o el discurso que pronuncias, tu estado de ánimo se vuelve evidente para todos los que te escuchan, por el tono de tu voz. Tanto si lo has pensado de esta manera o no, es el tono en el que haces una declaración, más que la declaración en sí, lo que convence o no convence. Ninguna frase puede sustituir a una firme creencia en una afirmación expresada con gran entusiasmo. Las palabras no son más que sonidos estériles a menos que estén impregnados con sentimientos que nacen del entusiasmo.

Lo que dices es un factor importante en el mecanismo del principio de sugestión, pero no tan importante como lo que haces. Tus actos valdrán más que tus palabras, y ¡ay de ti si ambos no están en consonancia!

Tus pensamientos constituyen la forma más importante en la que aplicas el principio de sugestión, ya que controlan el tono de tus palabras y, en cierto modo, tus acciones. Si tus pensamientos, tus acciones y tus palabras están en armonía, estás destinado a influir en aquellos con quienes coincides en tu forma de pensar.

Hace algunos años, escribí un libro titulado Cómo Vender Tus Servicios. Justo antes de que el texto entrara en la editorial, se me ocurrió pedir a algunos de los hombres más conocidos de los Estados Unidos que escribieran cartas de recomendación para que se publicaran en el libro. El impresor estaba esperando el manuscrito; por tanto, rápidamente escribí una carta a unas ocho o diez personas, en la que describí brevemente exactamente lo que quería, pero la carta no obtuvo respuestas. No había cumplido dos requisitos importantes para el éxito: había escrito la carta con tanta prisa que no había logrado transmitir entusiasmo, y había descuidado tanto la redacción que neutralizó las mentes de aquellos a los que iba dirigida; por lo tanto, no había preparado el camino para la aplicación del principio de sugestión.

Tras descubrir mi error, escribí una carta basada en la aplicación estricta del principio de sugestión, y esta carta no solo obtuvo respuestas de todos aquellos a quienes fue enviada, sino que muchas de las respuestas fueron obras maestras y sirvieron más allá de mis esperanzas, como valiosos complementos del libro. A título de comparación, para mostrarte cómo funciona el principio de sugestión al escribir una carta y el papel tan importante que juega el entusiasmo a la hora de dar "vida" a la palabra escrita, reproduzco aquí ambas cartas. No será necesario indicar cuál de ellas fracasó, ya que eso será bastante obvio:

LA LEY DEL ÉXITO

Mi querido señor Ford:

Estoy terminando el manuscrito para un nuevo libro titulado Cómo Vender Sus Servicios. Preveo que se venderán varios cientos de miles de libros, y creo que aquellos que compren el libro agradecerán la oportunidad de recibir un mensaje suyo sobre el mejor método de comercializar servicios personales.

Por lo tanto, ¿sería tan amable de dedicarme unos minutos de su tiempo para escribir un breve mensaje que se publicará en mi libro? Me haría un gran favor, y sé que los lectores del libro lo apreciarán.

Agradeciendo de antemano cualquier consideración que desee mostrarme, suyo, Atentamente,

Honorable Thomas R Marshall,

Vicepresidente de los Estados Unidos, Washington, DC

Estimado Sr. Marshall:

¿Le gustaría tener la oportunidad de enviar un mensaje de aliento, y quizá un consejo, a unos cientos de miles de conciudadanos que no han logrado dejar su huella en el mundo con tanto éxito como usted lo ha hecho?

Tengo casi terminado el manuscrito de un libro que se titulará "Cómo vender sus servicios". El punto principal del libro es que el servicio prestado es la causa y justifica el pago, y que este último varía en proporción a la eficiencia del primero.

El libro estaría incompleto sin algunos consejos de algunos hombres que, como usted, han llegado desde abajo a posiciones destacadas en el mundo. Por lo tanto, si me escribe su punto de vista sobre los temas más esenciales que deben tener en cuenta aquellos que venden servicios personales, difundiré su mensaje a través de mi libro, lo que hará que llegue a manos de personas en todo el mundo, que luchan por encontrar su puesto de trabajo.

Sé que es un hombre ocupado, Sr. Marshall, pero tenga en cuenta que simplemente llamando a su secretaria y dictando una breve carta, estará enviando un mensaje importante a posiblemente medio millón de personas. Esto no le costará más que un sello de dos centavos que pegará en la carta, pero, si se contempla desde el punto de vista del bien que puede hacer a otras personas menos afortunadas que usted, puede suponer la diferencia entre éxito y fracaso a muchas personas que leerán su mensaje, creerán en él y se guiarán por él.

Muy cordialmente suyo,
Henry Ford

Ahora, analicemos las dos cartas y descubramos por qué una fracasó mientras que la otra tuvo éxito. Este análisis debe comenzar con uno de los fundamentos más importantes del arte de vender, es decir, el motivo. En la primera carta, es obvio que el motivo es absolutamente el interés propio. La carta establece exactamente lo que se quiere, pero su redacción deja dudas sobre por qué se hace la solicitud o a quién se pretende beneficiar. Estudia la frase del segundo párrafo, "Esto será un gran favor para mí personalmente, etc." Ahora bien, puede parecer raro, pero la verdad es que la mayoría de las personas no hacen favores solo para complacer a los demás. Si te pido que me prestes un servicio que me favorezca, sin ofrecerte algún beneficio, no mostrarás mucho entusiasmo en conceder ese favor; podrías negarte si tienes una excusa oportuna. Pero si te pido algo que beneficiará a una tercera persona, aunque sea a través de mí, y si eso contribuye a mejorar tu reputación, lo más probable es que colabores gustosamente.

Pero la sugerencia más dañina de todas está contenida en el último y más importante párrafo de la carta, "Agradeciendo de antemano cualquier consideración que quiera mostrarme". Esta frase sugiere de manera intensa que quien escribe la carta anticipa una denegación de su solicitud. Claramente indica falta de entusiasmo. Allana el camino para una denegación de la solicitud. No hay una sola palabra en toda la carta que coloque en la mente del destinatario una razón convincente por la que debe cumplir con la solicitud. Por otro lado, puede ver claramente que el objeto de la carta es obtener un escrito de apoyo que ayude a vender el libro. El argumento de venta más importante, de hecho, el único argumento de venta en esta solicitud, se ha perdido por no haberlo establecido claramente como motivo real de la petición. Apenas se mencionó este argumento: "Creo que aquellos que compren el libro agradecerían la oportunidad de recibir un mensaje de usted sobre el mejor método de comercialización de servicios personales".

El párrafo inicial de la carta incumple un importante fundamento del arte de vender porque sugiere claramente que el objeto de la carta es que quien escriba la recomendación obtendrá alguna ventaja y ni siquiera llega a insinuar ninguna de ellas. En lugar de neutralizar la mente del destinatario de la carta, como debería hacer, tiene el efecto contrario; le hace cerrar su mente ante cualquier argumento que se presente a continuación y lo pone en un estado de ánimo proclive a decir que no.

La ciencia ha demostrado que el uso negativo de la sugestión, puede terminar con la vida.

En la pequeña ciudad en la que me crié, vivía una anciana que constantemente se quejaba de que temía morir de cáncer. Durante su infancia, había visto a una mujer que tenía cáncer, y esa imagen quedó tan grabada en su mente que comenzó a buscar los síntomas del cáncer en su propio cuerpo. Estaba segura de que cada pequeña molestia y dolor era un síntoma de cáncer. La he visto colocar su mano sobre su pecho y la he oído exclamar: "Oh, estoy segura de que aquí me está creciendo un cáncer. Puedo sentirlo". Cuando se quejaba de esta enfermedad imaginaria, siempre se ponía la mano en el seno izquierdo, donde creía que el cáncer la atacaba.

Hizo eso durante más de veinte años.

Hace unas semanas, murió—¡con cáncer en su seno izquierdo! Si la sugestión realmente transformara las células sanas del cuerpo en parásitos a partir de los cuales se desarrollara el cáncer, ¿puedes imaginar cómo destruirá los gérmenes de la enfermedad, si se dirige adecuadamente?

¡La mente humana es una máquina maravillosa! Una de sus características sobresalientes se nota en el hecho de que todas las sensaciones que le llegan se registran juntas en grupos que armonizan entre sí. Las impresiones negativas se almacenan, todas en una parte del cerebro, mientras que las impresiones positivas se almacenan en otra parte. Cuando una de estas impresiones (o experiencias pasadas) es llamada a la mente consciente, a través del principio de la memoria, hay una tendencia a recordar con ella todas las demás de una naturaleza similar, así como el levantamiento de un eslabón de una cadena hace surgir otros eslabones con él. Por ejemplo, cualquier cosa que provoque que surja un sentimiento de duda en la mente de una persona es suficiente para evocar todas sus experiencias que le hicieron dudar. Si un extraño le pide a alguien que cambie un cheque, inmediatamente recordará haber cobrado cheques que no eran buenos, o haberlo escuchado. A través de la ley de asociación, todas las emociones, experiencias e impresiones sensoriales similares que llegan a la mente se archivan juntas, de modo que el recuerdo de una tiende a traer de vuelta a la memoria todas las demás.

Este principio se aplica y controla todas las impresiones sensoriales que se alojan en la mente humana. Toma el sentimiento de miedo, por ejemplo; en el momento en que permitimos que una sola emoción relacionada con el miedo llegue a la mente consciente, y llama con ella a todas sus relaciones desagradables. Un sentimiento de coraje no puede reclamar la atención de la mente consciente mientras haya un sentimiento de miedo. Uno u otro debe dominar. Son malos compañeros de habitación porque no armonizan en la naturaleza. Igual atrae a igual. Todo pensamiento retenido en la mente consciente tiende a atraer otros pensamientos de naturaleza similar. Ves, por lo tanto, que estos sentimientos, pensamientos y emociones que surgen de experiencias pasadas, que reclaman la atención de la mente consciente, están respaldados por un ejército regular de soldados de apoyo de naturaleza similar, que están listos para ayudarlos en su misión.

Ahora te indicaré cómo debes proceder para desarrollar el entusiasmo, en caso de que aún no poseas esta cualidad.

Las instrucciones van a ser simples, pero ello no es óbice para que les des la importancia que merecen.

Primero: Completa los capítulos restantes de este libro, porque en ellos hay otras instrucciones importantes que deben coordinarse con las referidas en este.

Segundo: si aún no lo has hecho todavía, escribe tu objetivo principal definido en un lenguaje claro y simple y luego escribe el plan a través del cual pretendes transformar tu objetivo en realidad.

Tercero: Lee la descripción de tu objetivo principal definido cada noche, justo antes de acostarse, y mientras lo lees, visualízalo en tu imaginación como si ya lo hubieras conseguido. Hazlo con plena fe en tu capacidad para transformar en realidad tu objetivo. Lee en voz alta, con todo el entusiasmo que dispongas, enfatizando cada palabra. Repite esta lectura hasta que una fina y tranquila voz interior te diga que tu propósito se realizará. A veces sentirás los efectos de esta voz desde dentro la primera vez que lees tu objetivo principal definido, mientras que otras veces tendrás que leerla una docena o cincuenta veces antes de que llegue la seguridad, pero no te detengas hasta que la sientas.

Billy Sunday es el evangelista más exitoso que ha conocido este país. Con objeto de estudiar su técnica y verificar sus métodos psicológicos, el autor de este libro estuvo con el Reverendo Sunday durante tres temporadas.

Su éxito se basa en gran medida en una palabra: ¡ENTUSIASMO!

Al hacer un uso efectivo de la ley de la sugestión, Billy Sunday transmite su propio espíritu de entusiasmo a las mentes de sus seguidores, y éstos se ven influidos por él. Vende sus sermones mediante el uso de exactamente el mismo tipo de estrategia empleada por muchos Maestros Vendedores.

¡El entusiasmo es tan esencial para un vendedor como el agua para un pato!

LA LEY DEL ÉXITO

Todos los gerentes de ventas exitosos entienden la psicología del entusiasmo y la utilizan, de varias maneras, como un medio práctico para ayudar a sus hombres a producir más ventas.

Durante su administración como Gerente de Ventas de la Compañía Nacional de Cajas Registradoras, Hugh Chalmers (quien más tarde se hizo famoso en la industria automotriz) enfrentó una situación muy vergonzosa que amenazaba con acabar con su puesto y con el de miles de vendedores bajo su dirección.

La empresa estaba en dificultades financieras. Este hecho se dio a conocer a los vendedores, y el efecto de ello fue hacerles perder su Entusiasmo. Las ventas comenzaron a disminuir hasta que finalmente las condiciones se volvieron tan alarmantes que se convocó una reunión general de la organización de ventas, que se llevaría a cabo en la planta de la compañía en Dayton, Ohio. Se llamó a vendedores de todo el país.

El Sr. Chalmers presidió la reunión. Comenzó llamando a varios de sus mejores vendedores para que se pusieran de pie y dijeran qué estaba pasando para que los pedidos disminuyeran. Uno por uno, se fueron levantando y como se les solicitó, cada uno de ellos tenía una terrible historia que contar. Las condiciones comerciales eran malas, el dinero era escaso, la gente estaba postergando las compras hasta después de las elecciones presidenciales, etc. Cuando el quinto hombre comenzó a enumerar las dificultades que le habían impedido cumplir con su cuota habitual de ventas, el Sr. Chalmers saltó encima de una mesa, levantó las manos para pedir silencio y dijo: "¡DETÉNGANSE! Ordeno que esta convención parara durante diez minutos mientras sacaban brillo a mis zapatos".

Luego, dirigiéndose a un niño pequeño que estaba sentado cerca, le pidió que trajera su traje de limpiabotas y lustrara sus zapatos, allí mismo, encima de la mesa.

¡Los vendedores, entre el público, estaban asombrados! Algunos de ellos pensaron que el Sr. Chalmers había perdido repentinamente la cabeza. Empezaron a murmurar entre ellos. Mientras tanto, el niño lustraba primero uno y luego el otro zapato, tomándose mucho tiempo y haciendo un trabajo de primera.

Después de terminar el trabajo, el Sr. Chalmers le entregó al niño una moneda de diez centavos y luego continuó con su discurso: "Quiero que cada uno de ustedes", dijo, "mire bien a este niño pequeño. Tiene la concesión para lustrar zapatos en toda nuestra planta y oficinas. Su antecesor era un niño considerablemente mayor que él, y a pesar de que la empresa lo subvencionaba con un salario de cinco dólares a la semana, no podía ganarse la vida en esta planta, donde trabajan miles de personas".

"Este niño no solo se gana bien la vida, sin ninguna subvención de la empresa, sino que ahorra dinero de lo que gana cada semana, trabajando en las mismas condiciones, en la misma planta, para las mismas personas".

"Ahora quiero hacer una pregunta: ¿De quién fue la culpa de que el chico no consiguiera más trabajo? ¿Fue culpa suya o de sus compradores?

En un poderoso rugido de la multitud, llegó la respuesta. "¡FUE CULPA DEL NIÑO, POR SUPUESTO!" "Así es", respondió Chalmers, "y ahora quiero decir lo siguiente: estáis vendiendo cajas registradoras en el mismo territorio, a las mismas personas, con exactamente las mismas condiciones comerciales que hace un año, pero no estáis generando el mismo negocio que entonces. Ahora, ¿de quién es la culpa? ¿Es vuestra o de los compradores?

Y nuevamente, la respuesta llegó con un rugido: "¡ES NUESTRA CULPA, POR SUPUESTO!"

"Me alegro de que seáis sinceros al reconocer vuestros errores", continuó Chalmers, "y ahora quiero deciros cuál es el problema: Habéis escuchado rumores de que esta empresa está en problemas financieros y eso ha acabado con vuestro entusiasmo, por lo que no estáis haciendo el mismo esfuerzo que anteriormente. Si regresáis a vuestras zonas con la promesa de enviar cinco pedidos cada uno durante los próximos treinta días, esta empresa ya no tendrá dificultades financieras, ya que ese negocio adicional nos dejará libres. ¿Lo haréis?"

¡Dijeron que lo harían y lo hicieron!

Ese acontecimiento ha pasado a la historia de la National Cash Register Company con el nombre de "el limpiabotas del millón de dólares" de Hugh Chalmers, ya que se dice que esto cambió el rumbo de los problemas de la empresa y consiguió millones de dólares.

¡El entusiasmo no conoce la derrota! El Director de Ventas que sabe cómo dirigir un ejército de vendedores entusiastas puede fijar su propio precio por sus servicios, y lo que es aún más importante, puede aumentar la productividad de cada uno de sus subordinados; por lo tanto, su entusiasmo lo beneficia no solo a él sino seguramente a cientos de personas más.

LAS PERSONAS EXITOSAS HAN DESCUBIERTO LAS FORMAS Y LOS MEDIOS QUE CONSIDERAN MÁS ADECUADOS A SUS PROPIAS NECESIDADES PARA PRODUCIR ESTÍMULOS QUE LES HAGAN ELEVARSE A COTAS DE ESFUERZO POR ENCIMA DE LO ORDINARIO.

Uno de los escritores más exitosos del mundo emplea una orquesta de mujeres jóvenes vestidas elegantemente que tocan para él mientras escribe. Sentadas en una habitación decorada a su gusto, bajo luces de color, matizadas y suavizadas, estas hermosas jóvenes, vestidas con bonitos trajes de noche, tocan su música favorita. En sus propias palabras, "Me embriago de entusiasmo, bajo la influencia de este ambiente, y me elevo a alturas que nunca conozco ni siento en otras ocasiones. Es entonces cuando hago mi trabajo. Las ideas me invaden como si fueran dictados por un poder invisible y desconocido".

Este autor obtiene gran parte de su inspiración de la música y el arte. Una vez a la semana, pasa al menos una hora en un museo de arte, mirando las obras de los grandes maestros. En estas ocasiones, usando nuevamente sus propias palabras, "obtengo suficiente entusiasmo de una visita de una hora en el museo de arte como para aguantar dos días".

Henry Ford (así lo cree este autor, quien admite que esta es simplemente de la opinión del autor) tuvo su verdadero impulso como resultado de su amor por su encantadora compañera de vida. Fue ella quien le inspiró, le dio fe en sí mismo y le mantuvo en pie para que siguiera adelante frente a las adversidades que habrían acabado con una docena de hombres normales y corrientes.

Estos hechos se citan como prueba de que los hombres de logros sobresalientes, por accidente o deliberadamente, han descubierto formas y medios de estimularse a sí mismos a un alto estado de entusiasmo.

¡Ya estás listo para el capítulo sobre el autocontrol!
Describe la Ley que sirve como eje de toda esta filosofía.

LA LEY DEL ÉXITO

Lección Ocho

Autocontrol

"¡Puedes hacerlo si crees que puedes!"

En el capítulo anterior, aprendiste sobre el valor del entusiasmo. También aprendiste a generar entusiasmo y a transmitir tu influencia a los demás, a través del principio de sugestión.

Llegarás ahora al estudio del autocontrol, a través del cual puedes dirigir tu entusiasmo hacia fines constructivos. Sin autocontrol, el entusiasmo se parece al rayo desenfrenado de una tormenta eléctrica: puede caer en cualquier parte; puede destruir la vida y la propiedad.

El entusiasmo es la cualidad vital que te impulsa a la acción, mientras que el autocontrol es el volante que dirige tu acción para que construya y no destruya.

Para ser una persona "bien equilibrada", debes ser una persona en la que el entusiasmo y el autocontrol estén igualados. Una encuesta que acabo de terminar de los 160.000 reclusos adultos de las penitenciarías de los Estados Unidos revela el sorprendente hecho de que el noventa y dos por ciento de estos desafortunados hombres y mujeres están en prisión porque carecieron del autocontrol necesario para dirigir sus energías de manera constructiva.

¡Estudia los logros de aquellos a quienes el mundo llama grandes y observa que cada uno de ellos posee esta cualidad de autocontrol!

Por ejemplo, estudia las cualidades de nuestro inmortal Lincoln. En sus momentos más difíciles, actuó con paciencia, aplomo y autocontrol. Estas fueron algunas de las cualidades que lo convirtieron en el gran hombre que fue. Sufrió deslealtad por parte de algunos de los miembros de su gabinete; sin embargo, aunque esta deslealtad fue hacia él personalmente y porque aquellos en quienes la encontró tenían cualidades que los hacían valiosos para su país, Lincoln ejerció el autocontrol y desestimó las malas cualidades.

¿Cuántos hombres conoces que tengan un autocontrol semejante?

Durante la primera parte de mi carrera pública, descubrí los estragos que la falta de autocontrol estaba causando en mi vida, y este descubrimiento se produjo a través de un incidente muy común. (Creo que no está fuera de lugar aquí hacer una digresión al afirmar que la mayoría de las grandes verdades de la vida están envueltas en los eventos ordinarios y comunes de la vida cotidiana).

Este descubrimiento me enseñó una de las lecciones más importantes que he aprendido. Surgió de esta manera:

Un día, en el edificio en el que tenía mi oficina, el conserje y yo tuvimos un malentendido. Esto condujo a una forma muy violenta de desagrado mutuo entre nosotros. Como una forma de mostrar su desprecio por mí, este conserje apagaba las luces eléctricas del edificio cuando sabía que yo estaba allí solo trabajando en mi estudio. Esto sucedió en varias ocasiones hasta que finalmente decidí "contraatacar". Mi oportunidad llegó un domingo cuando llegué a mi estudio a preparar un discurso que debía pronunciar la noche siguiente. Apenas me había sentado en mi escritorio cuando se apagaron las luces.

Salté y corrí hacia el sótano del edificio donde sabía que encontraría al conserje. Cuando llegué, lo encontré ocupado, echando carbón al horno con una pala y silbando como si nada inusual hubiera sucedido.

Sin contemplaciones me lancé sobre él y durante cinco minutos le proferí toda suerte de desagradables calificativos. Finalmente, me quedé sin palabras y tuve que calmarme. Luego se levantó, miró hacia atrás por encima del hombro, y con un tono de voz tranquilo, suave, lleno de aplomo y autocontrol, y con una sonrisa en el rostro que le llegaba de oreja a oreja, dijo:

"Por qué, todos ustedes están un poco excitados esta mañana, ¿no es así?" ¡Ese comentario me cortó como si hubiera sido un estilete!

Imagínate mis sentimientos estando allí ante un hombre analfabeto que no sabía leer ni escribir, pero que, a pesar de eso, me había vencido en un duelo librado en mi propio terreno y con un arma de mi elección.

Mi conciencia me señaló con un dedo acusador. Sabía que no sólo había sido derrotado sino, lo que es peor, sabía que yo era el agresor y que estaba equivocado, lo que sólo sirvió para intensificar mi humillación.

Mi conciencia no solo me apuntó con un dedo acusador, sino que me avergonzó; se burló de mí y me atormentó. Allí estaba yo, un fanfarrón estudiante de psicología avanzada, un exponente de la filosofía de la Regla de Oro, que tenía al menos un conocimiento razonable de las obras de Shakespeare, Sócrates, Platón, Emerson y la Biblia; mientras frente a mí estaba un hombre que no sabía nada de literatura o de filosofía, pero que, a pesar de esta falta de conocimiento, me había batido en una batalla de palabras.

Di media vuelta y regresé a mi oficina lo más rápido que pude. No había nada más que yo pudiera hacer. Cuando comencé a pensar en el asunto, vi mi error, pero, fiel a mi naturaleza, estaba reacio a hacer lo que sabía que debía hacer para corregir el mal. Sabía que tendría que disculparme con ese hombre antes de poder ponerme en paz conmigo mismo, mucho menos con él. Finalmente, me decidí a volver a bajar al sótano y sufrir esa humillación. La decisión no fue fácil ni rápida.

Comencé a bajar, pero caminé más despacio que cuando bajé la primera vez. Estaba pensando cómo presentarme por segunda vez para sufrir la menor humillación posible.

Cuando llegué al sótano, llamé al conserje para que se acercara a la puerta. Con un tono de voz tranquilo y amable, preguntó:

"¿Qué deseas esta vez?"

Le dije que había vuelto para disculparme por el mal que había hecho, si me lo permitía. Una vez más, esa sonrisa se extendió por todo su rostro cuando dijo:

"Por el amor del Señor, no tienes que disculparte. Nadie te escuchó excepto estas cuatro paredes y tú y yo. No lo voy a decir y sé que tú no lo vas a decir, así que olvídalo".

Y ese comentario me dolió más que el primero, porque no solo había expresado su voluntad de perdonarme, sino que en realidad había indicado su voluntad de ayudarme a encubrir el incidente, para que no se supiera y me hiciera daño.

Me emocioné tanto que me acerqué a él y le cogí de la mano. Temblé no sólo con la mano, sino también con el corazón, y mientras caminaba de regreso a mi oficina, me sentí bien por haber tenido el coraje para corregir el mal que había hecho.

Este no es el final de la historia. ¡Es solo el principio! Después de este incidente, tomé la resolución de que nunca más me colocaría en una posición en la que otro hombre, ya fuera un conserje analfabeto o un sabio, pudiera humillarme porque había perdido el control de mí mismo.

Después de esa determinación, un extraordinario cambio comenzó a sucederme. Mi pluma comenzó a adquirir mayor poder. Mis palabras habladas comenzaron a tener mayor peso. Empecé a hacer más amigos y menos enemigos entre las personas que conocía. El incidente marcó uno de los puntos de inflexión más importantes de mi vida. Me enseñó que ningún hombre puede controlar a los demás a menos que primero se controle a sí mismo. Me dio una concepción clara de la filosofía detrás de estas palabras: "A quien los dioses quieren destruir, primero lo vuelven loco".

Este incidente puso en mis manos la llave maestra de un cúmulo de conocimientos clarificador y útil en todo lo que hago y, más adelante en la vida, cuando los adversarios trataron de destruirme, tuve una poderosa arma de defensa que nunca me ha fallado.

Una vez viajaba de Albany a la ciudad de Nueva York. En el trayecto, el "Smoking Car Club" inició una conversación sobre el difunto Richard Croker, quien era entonces jefe de Tammany Hall. La discusión se tornó acalorada y agria. Todos se enfadaron excepto un anciano que provocaba la discusión y mostraba interés en ella. Permaneció tranquilo y parecía disfrutar de todas las cosas malas que los demás decían sobre el "Tigre" de Tammany Hall. Por supuesto, supuse que era un enemigo del jefe de Tammany, ¡pero no lo era!

¡Él era el mismísimo Richard Croker!

Este fue uno de sus ingeniosos trucos a través del cual averiguó lo que la gente pensaba de él y cuáles eran los planes de sus enemigos.

Fuera lo que fuera Richard Croker, era un hombre con autocontrol. Tal vez esa sea una de las razones por las que siguió siendo el jefe indiscutible de Tammany Hall durante tanto tiempo. Los hombres que se controlan a sí mismos suelen dirigir el trabajo, sin importar cuál sea.

Ahora examinemos el significado del término autocontrol, tal como se usa en relación con este libro, describiendo la conducta general de una persona que lo posee. Una persona con un autocontrol bien desarrollado no se deja llevar por el odio, la envidia, los celos, el miedo, la venganza o cualquier otra emoción destructiva similar. Una persona con un autocontrol bien desarrollado no entra en éxtasis ni se vuelve incontrolablemente entusiasta por nada ni por nadie.

La codicia, el egoísmo y la autoaprobación más allá del punto del autoanálisis preciso y la apreciación de los méritos reales de uno indican una falta de autocontrol en una de sus formas más peligrosas. La confianza en sí mismo es uno de los elementos esenciales del éxito, pero cuando esta facultad se desarrolla más allá del punto de la razón, se vuelve muy peligrosa.

El autosacrificio es una cualidad encomiable, pero cuando se lleva al extremo, también se convierte en una de las formas peligrosas de falta de autocontrol. No debes permitir que tus emociones coloquen tu felicidad en manos de otra persona. El amor es esencial para la felicidad, pero quien ama tan profundamente que su felicidad se pone enteramente en manos de otro se parece al corderito que se metió en la guarida del "pequeño lobo amable y gentil" y le rogó que lo dejara acostarse a dormir un poco e irse, o el canario que se empeñaba en jugar con los bigotes del gato.

Una persona con un autocontrol bien desarrollado no se dejará influenciar por el cínico o el pesimista, ni permitirá que otra persona piense por él.

Una persona con un autocontrol bien desarrollado estimulará su imaginación y su entusiasmo hasta que hayan producido una acción, pero entonces controlará esa acción y no permitirá que ella lo controle a él.

Una persona con autocontrol bien desarrollado nunca, bajo ninguna circunstancia, calumniará a otra persona o buscará venganza por cualquier causa.

Una persona con autocontrol no odiará a los que no estén de acuerdo con él; en cambio, se esforzará por comprender la razón de su desacuerdo y sacar provecho de ello.

Muy temprano en mi carrera pública, me sorprendió saber cuántas personas hay que dedican la mayor parte de sus energías a derribar lo que otros construyen. Por algún extraño giro de la rueda del destino, uno de estos destructores se cruzó en mi camino y se ocupó de tratar de destruir mi reputación. Al principio, me incliné a "devolverle el golpe", pero una noche, mientras estaba sentado frente a mi máquina de escribir, se me ocurrió una idea que cambió por completo mi actitud hacia este hombre. Quitando la hoja de papel que estaba en mi máquina de escribir, inserté otra en la que enunciaba este pensamiento, con estas palabras:

Tienes una tremenda ventaja sobre el hombre que te hace daño: tienes el poder de perdonarlo, mientras que él no tiene tal ventaja sobre ti.

Cuando terminé de escribir esas líneas, decidí que había llegado al punto en que tenía que decidir sobre una política que sirviera de guía sobre mi actitud hacia quienes critican mi trabajo o intentan destruir mi reputación. Llegué a esta decisión razonando de esta manera: dos cursos de acción estaban abiertos para mí. Podría perder gran parte de mi tiempo y energía en devolver el golpe a aquellos que tratarían de destruirme, o podría dedicar esta energía a promover el trabajo de mi vida y dejar que el resultado de ese trabajo sirva como mi única respuesta a todos los que critiquen mis esfuerzos o cuestionan mis motivos. Decidí que esta última era la mejor política y la adopté.

El mundo pronto olvida a sus destructores. Construye sus monumentos y otorga sus honores a nadie más que a sus constructores. Tenga presente este hecho y se reconciliará más fácilmente con la política de negarse a desperdiciar sus energías "contraatacando" a quienes lo ofenden.

Muchos hombres que alguna vez alcanzaron una posición elevada en la vida, superaron la oposición de naturaleza violenta de enemigos celosos y envidiosos. El difunto presidente Warren G. Harding y el ex presidente Wilson y muchos otros que podría mencionar fueron víctimas de esta cruel tendencia de cierto tipo de hombre depravado a destruir la reputación. Pero estos hombres no perdieron el tiempo en explicar o "contraatacar" a sus enemigos. Ejercían autocontrol.

Has sido dotado con el poder de utilizar la forma de energía más poderosa, la del pensamiento.

No sólo tienes el poder de pensar sino, lo que es mil veces más importante aún, ¡tienes el poder de controlar tus pensamientos y dirigirlos para que cumplan tus órdenes!

Estamos llegando ahora a la parte importante de este capítulo. ¡Lee despacio y con detenimiento! Me acerco a esta parte de este capítulo casi con miedo y temblor, porque nos enfrentamos con un tema que muy pocos hombres están cualificados para discutir con razonable inteligencia.

Repito, ¡tienes el poder de controlar tus pensamientos y hacer que se cumplan tus órdenes!

Tu cerebro puede compararse con una dínamo en este sentido: genera o pone en movimiento una energía misteriosa llamada pensamiento. Los estímulos que hacen que tu cerebro entre en acción son de dos tipos: uno es la autosugestión y el otro es la sugestión. Puedes seleccionar el material a partir del cual se produce tu pensamiento, y ese es Autosugestión. Puedes permitir que otros seleccionen el material a partir del cual se produce su pensamiento, y eso es Sugestión. Es humillante que la mayor parte del pensamiento sea producido por sugerencias externas de otros, y es aún más humillante tener que admitir que la mayoría de nosotros acepta esta sugerencia sin examinarla ni cuestionar su solidez. Leemos los diarios como si cada palabra estuviera basada en hechos.

Tienes bajo tu control el poder de seleccionar el material que constituye los pensamientos dominantes de tu mente, y con la misma seguridad que estás leyendo estas líneas, esos pensamientos que dominan tu mente te traerán éxito o fracaso, según su naturaleza.

¡El autocontrol es únicamente una cuestión de control del pensamiento! Cuando eliges deliberadamente los pensamientos que dominan tu mente y rechazas con firmeza la admisión de sugestiones externas, estás ejerciendo el autocontrol en su forma más elevada y eficiente. El hombre es el único ser vivo que puede hacer esto.

La capacidad de negociar con otras personas sin desavenencias ni discusiones es la cualidad sobresaliente de todas las personas exitosas. Observa a los que tienes cerca y fíjate en los pocos que entienden este arte de la negociación con tacto.

Observa también, el éxito que tienen los pocos que entienden este arte, a pesar de que pueden tener menos educación que aquellos con quienes negocian.

Es una habilidad que se puede cultivar.

El arte de una negociación exitosa surge del autocontrol paciente y meticuloso. Observa con qué facilidad el vendedor exitoso ejerce el autocontrol cuando está tratando con un cliente que está impaciente. En su corazón, tal vendedor puede estar hirviendo, pero no verá evidencia de ello en su rostro, modales o palabras.

¡Has adquirido el arte de negociar con tacto!

Un solo ceño fruncido de desaprobación o una sola palabra que denota impaciencia a menudo arruinará una venta, y nadie lo sabe mejor que el vendedor exitoso. Se ocupa de controlar sus sentimientos y, como recompensa, establece su propio salario y elige su propia posición.

Observar a una persona que ha adquirido el arte de negociar con éxito es una experiencia en sí misma. Mira al conferenciante que ha adquirido este arte; nota la firmeza de su paso al subir al escenario; observa la firmeza de su voz cuando comienza a hablar; estudia la expresión de su rostro mientras barre a su audiencia con el dominio de su argumento. Ha aprendido a negociar sin discrepancias.

Observa al médico que ha adquirido este arte, mientras entra en la habitación del enfermo y saluda a su paciente con una sonrisa. Su porte, el tono de su voz, la mirada de seguridad en su rostro, todo lo marca como alguien que ha adquirido el arte de negociar con éxito, y el paciente comienza a sentirse mejor en el momento en que entra en la habitación.

Observa al jefe de obra que ha adquirido este arte, y mira cómo su sola presencia anima a sus hombres a un mayor esfuerzo y les inspira confianza y entusiasmo.

LA LEY DEL ÉXITO

Observa al abogado que ha adquirido este arte y mira cómo inspira el respeto y la atención de la corte, el jurado y los compañeros. Hay algo en el tono de su voz, la postura de su cuerpo y la expresión de su rostro que hace que su oponente sufra. No solo conoce su caso, sino que convence al tribunal y al jurado de que lo sabe y, como consecuencia, gana sus casos y cobra cuantiosos honorarios.

¡Y todo esto se basa en el autocontrol! ¡Y el dominio de sí mismo es el resultado del control del pensamiento!

Detrás de todo logro, detrás de todo autocontrol, detrás de todo control del pensamiento, ¡está ese algo mágico llamado DESEO!

Si deseas adquirir el arte de la negociación exitosa, como sin duda lo harás cuando comprendas su importancia en relación con el logro de tu objetivo principal definido, lo harás, siempre que tu deseo sea lo suficientemente intenso.

Planta en tu mente la semilla de un deseo que sea constructivo haciendo de lo siguiente tu credo y el fundamento de tu código de ética:

"Deseo servir a mis semejantes en mi viaje por la vida. Para ello, he adoptado este credo como guía a seguir en el trato con mis semejantes":

"Entrenarme para que nunca, bajo ninguna circunstancia, encuentre defectos en ninguna persona, no importa cuánto pueda estar en desacuerdo con ella o cuán inferior sea su trabajo, siempre que sepa que está intentando hacer lo mejor posible".

"Respetar a mi país, a mi profesión y a mí mismo. Ser honesto y justo con mis semejantes, como espero que ellos sean honestos y justos conmigo. Ser un ciudadano leal de mi país. Hablar de ello con elogios y actuar siempre como un digno custodio de su buen nombre. Ser una persona cuyo nombre pesa donde quiera que vaya".

"Basar mis expectativas de recompensa en una base sólida de servicio prestado. Estar dispuesto a pagar el precio del éxito en un esfuerzo honesto. Considerar mi trabajo como una oportunidad para aprovecharla con alegría y al máximo, y no como un trabajo penoso que soportar de mala gana".

"Recordar que el éxito está dentro de mí, en mi propio cerebro. Esperar dificultades y forzar mi camino a través de ellas".

"Evitar la procrastinación en todas sus formas, y nunca, bajo ninguna circunstancia, dejar para mañana cualquier deber que deba cumplirse hoy".

"Finalmente, tomar buen control de las alegrías de la vida, para que pueda ser cortés con los hombres, fiel a los amigos y fiel a Dios".

¡Todas las personas exitosas califican alto en autocontrol! Todos los "fracasados" califican bajo, generalmente cero, en esta importante ley de la conducta humana".

Estudia la tabla de análisis comparativo en la Lección Uno y observa las calificaciones de autocontrol de Jesse James y Napoleón.

Una forma muy común y muy destructiva de falta de autocontrol es el hábito de hablar demasiado. Las personas sabias, que saben lo que quieren y se empeñan en conseguirlo, cuidan sus conversaciones. No se gana nada con un montón de palabras innecesarias, dichas sin control y a la ligera.

Casi siempre es más provechoso escuchar que hablar. Un buen oyente puede, de vez en cuando, oír algo que se sumará a su patrimonio de conocimientos. Se precisa de autocontrol para convertirse en un buen oyente, y los beneficios obtenidos valen el esfuerzo.

LA LEY DEL ÉXITO

"Quitarle la conversación a otra persona" es una forma común de falta de autocontrol que no sólo es descortés, sino que priva a quienes lo hacen de muchas valiosas oportunidades de aprender de los demás.

El autocontrol fue una de las características marcadas de todos los líderes exitosos que he analizado al recopilar material para este curso. Luther Burbank dijo que, en su opinión, el autocontrol era la más importante de las leyes del éxito. Durante todos sus años de paciente estudio y observación de los procesos evolutivos de la vida vegetal, encontró necesario ejercitar la facultad de autocontrol, a pesar de que estaba tratando con vida inanimada.

Al desarrollar el autocontrol, desarrollas también otras cualidades que aumentarán tu poder personal. Entre otras leyes que están a disposición de la persona que ejerce el autocontrol se encuentra la Ley de Represalias.

¡Ya sabes lo que significa "represalias"!

En el sentido que estamos usando aquí, significa "devolver igual por igual", y no simplemente vengarse o buscar venganza, como comúnmente se entiende por el uso de esta palabra.

Si te hago daño, tomas represalias en la primera oportunidad. ¡Si digo cosas injustas sobre ti, tomarás represalias de la misma manera, incluso en mayor medida!

Por otro lado, si te hago un favor, me corresponderás aún en mayor medida si es posible.

Mediante el uso adecuado de esta ley, puedo conseguir que hagas lo que yo deseo que hagas. Si deseo que me desagrades y prestes tu influencia para dañarme, puedo lograr este resultado al infligirte el tipo de trato que quiero que me inflijas a través de la represalia.

Si deseo tu respeto, tu amistad y tu cooperación, puedo obtenerlos brindándote mi amistad y cooperación.

¿Cuántas veces has oído la observación: "Qué maravillosa personalidad tiene esa persona". ¿Con qué frecuencia has conocido a personas cuyas personalidades envidiabas?

El hombre que te atrae hacia él a través de una agradable personalidad simplemente está ejemplificando la Ley de la Atracción Armoniosa, o la Ley de la Represalia, las cuales, cuando se analizan, significan que "lo similar atrae a lo similar".

El autocontrol es el precio que debes pagar por el dominio de la Ley de la Venganza. Cuando una persona enfadada comienza a vilipendiarte y abusar de ti, justa o injustamente, recuerda que si respondes de la misma manera, estás siendo arrastrado al nivel mental de esa persona; por lo tanto, ¡esa persona te está dominando!

En cambio, si te niegas a enfadarte, si conservas la compostura y permaneces calmado y sereno, conservas todas tus capacidades para razonar. Tomas al otro por sorpresa. Estás tomando represalias con un arma con la que no estás familiarizado; en consecuencia, lo dominas fácilmente.

Te invito a que hagas uso de esta ley, no sólo para obtener ganancias materiales, sino, mejor aún, para alcanzar la felicidad y la buena voluntad hacia los hombres.

Después de todo, éste es el único éxito real por el que hay que luchar.

LA LEY DEL ÉXITO

Lección Nuevo

Hábito de hacer más de lo pagado

"¡Puedes hacerlo si crees que puedes!"

Puede que parezca apartarse del tema de este capítulo comenzar con una discusión sobre el amor, pero si reservas tu opinión hasta que hayas completado el capítulo, estarás de acuerdo en que este tema del amor no podría haber sido omitido sin afectar al valor del capítulo.

¡La palabra "amor" se usa aquí en un sentido que lo abarca todo!

Hay muchos objetos, motivos y personas que estimulan nuestra capacidad de amar. Hay algunos trabajos que no nos gustan, otros que nos gustan moderadamente y, bajo ciertas condiciones, ¡puede haber trabajos que realmente nos ENAMOREN!

Los grandes artistas, por ejemplo, generalmente aman su trabajo. Al jornalero, por otro lado, por lo general no sólo le disgusta su trabajo, sino que puede llegar a odiarlo.

Cuando uno se dedica a un trabajo que ama, se puede trabajar durante un período de horas increíblemente largo sin cansarse. El trabajo que no le gusta o que odia produce fatiga muy rápidamente.

La resistencia de un hombre, por lo tanto, depende en gran parte de la medida en que le gusta, disgusta o ama lo que está haciendo.

Estamos sentando aquí las bases, como por supuesto observarás, para la declaración de una de las leyes más importantes de esta filosofía, es decir:

Un hombre es más eficiente y tendrá éxito más rápida y fácilmente cuando se dedica a un trabajo que ama o que realiza en favor de alguna persona a la que ama.

Cada vez que el factor amor entra en cualquier tarea que uno realiza, la calidad del trabajo mejora inmediatamente y la cantidad aumenta, sin que aumente la fatiga causada por el trabajo.

Cuando un hombre se dedica a un trabajo que ama, no le resulta difícil hacer más y mejor trabajo que aquel por el que se le paga, y por esta misma razón, todo hombre se debe a sí mismo hacer lo mejor que pueda para encontrar el tipo de trabajo que más le gusta.

Ofrezco este consejo a los estudiantes porque yo mismo lo he seguido, y no me arrepiento de ello.

Este es el lugar apropiado para inyectar un poco de historia personal sobre el autor y la filosofía de la Ley del Éxito, cuyo propósito es demostrar que el trabajo realizado con un espíritu de amor nunca se ha perdido y nunca se perderá.

Mis trabajos en esta filosofía me obligaron, hace ya muchos años, a elegir entre los beneficios monetarios inmediatos, que podría haber disfrutado dirigiendo mis esfuerzos en líneas puramente comerciales, y la remuneración que llega en años posteriores y que está representada tanto por la estándares financieros usuales y otras formas de pago—que puede medirse sólo en términos de conocimiento acumulado que le permite a uno disfrutar más intensamente del mundo que lo rodea.

Estas referencias personales se hacen únicamente con el propósito de mostrar a los estudiantes de esta filosofía que rara vez, uno puede esperar dedicarse al trabajo que más le gusta sin encontrar obstáculos de algún tipo. En general, los principales obstáculos de dedicarse al tipo de trabajo que más te gusta es que puede no sea el trabajo que te proporcione al principio la mayor remuneración.

Sin embargo, para compensar esta desventaja, quien se dedica al tipo de trabajo que ama es generalmente recompensado con dos beneficios muy decididos: primero, encuentra en tal trabajo la mayor de todas las recompensas, la FELICIDAD, que no tiene precio, y segundo, su recompensa real en dinero, cuando se promedia durante toda una vida de esfuerzo, es generalmente mucho mayor, por la razón de que el trabajo que se realiza con un espíritu de amor suele ser mayor en cantidad y mejor en calidad que el que se realiza únicamente por dinero.

La oposición más lamentable y, podría decir que la más desastrosa en la elección del trabajo al que me quería dedicar provino de mi esposa.

La idea de mi esposa era que yo debía aceptar un puesto asalariado que aseguraría un ingreso mensual regular, porque había demostrado, por los pocos empleos que había ocupado, que tenía una capacidad comercial que debería generar un ingreso de $6,000 a $10,000 al año sin gran esfuerzo por mi parte.

En cierto modo, entendía el punto de vista de mi esposa y simpatizaba con él, porque teníamos niños pequeños que necesitaban ropa y educación, y un salario regular, aunque no fuera grande, parecía algo necesario.

Sin embargo, a pesar de este argumento lógico, opté por ignorar el consejo de mi esposa. En ese momento tanto su familia como la mía la respaldaron, y ambas me acusaron directamente, lo que provocó que diera media vuelta y aceptara un salario base.

Estudiar a otras personas podría estar bien para alguien que tuviera todo el tiempo del mundo para destinarlo a algo no rentable, razonaron, pero para un hombre joven casado con una familia con hijos a los que dedicarse, esto no parecía ser lo mejor.

¡Pero me mantuve firme! Había hecho mi elección y estaba decidido a mantenerla.

La oposición no cedió a mi punto de vista, pero poco a poco, por supuesto, se desvaneció. Mientras tanto, saber que mi elección había provocado alguna dificultad temporal en mi familia, además de saber que mis amigos y familiares más queridos no estaban en armonía conmigo, aumentaron en gran medida mi dedicación.

Podría haber cedido a la persuasión de mis amigos y haber buscado el camino de menor resistencia por el tema salarial. Esto me habría ahorrado mucho dolor y críticas, pero habría arruinado las esperanzas de toda una vida y, al final, con toda probabilidad habría perdido, también, lo mejor y lo más deseable de todas las cosas: ¡FELICIDAD! Porque he sido extremadamente feliz en mi trabajo, incluso durante los períodos en que mi remuneración no podía medirse sino por una montaña de deudas que por entonces no podía pagar.

Comencé mi trabajo de investigación con la creencia de que cualquier persona con una inteligencia razonable y un verdadero deseo de triunfar podía alcanzar el éxito, siguiendo ciertas reglas de procedimiento (entonces desconocidas para mí). Quería saber cuáles eran estas reglas y cómo podrían aplicarse.

Ten en cuenta que durante todos estos años de investigación, no sólo estaba aplicando la ley que estamos tratando en esta lección, HACIENDO MÁS DE LO PAGADO, sino que también estaba yendo mucho más allá al hacer mucho por lo cual, en el momento en que lo estaba haciendo, no esperaba recibir pago alguno.

Durante los primeros años de mi experiencia, me invitaron a pronunciar un discurso en Canton, Ohio. Mi llegada había sido bien promocionada y había motivos para esperar una gran audiencia. Nada más lejos de la realidad. Las conferencias celebradas entre dos grandes grupos de empresarios redujeron mi audiencia al dichoso número de "trece".

Siempre he creído que se debe hacer las cosas lo mejor que se pueda, independientemente de cuánto se reciba por los servicios o la cantidad o tipo de personas a las que puedas estar sirviendo. Presenté mi tema como si la sala estuviera llena. De alguna manera surgió en mí una especie de sentimiento de resentimiento por la forma en que la "rueda del destino" se había vuelto en mi contra, y si alguna vez pronuncié un discurso convincente, lo hice esa noche.

Sin embargo, en el fondo de mi corazón, ¡pensé que había fallado! No supe hasta el día siguiente que estaba haciendo historia la noche anterior, estaba dando el primer impulso real a la Filosofía de la Ley del Éxito.

Uno de los "trece" hombres que estaba sentado entre mi audiencia, era el señor R. Mellett, quien entonces era el editor del Canton Daily News (mencionado anteriormente en la Lección 4).

Después de que terminé de hablar, salí por la puerta trasera y regresé a mi hotel, sin querer encontrarme con ninguna de mis "trece" víctimas.

Al día siguiente me invitaron a la oficina del Sr. Mellett. Ya que fue él quien tomó la iniciativa invitándome a verlo, dejé que él hablara la mayor parte del tiempo. Empezó de esta manera:

"¿Te importaría contarme toda la historia de tu vida, desde los días de tu primera infancia hasta el presente?"

Le dije que lo haría si era capaz de escuchar una larga descripción. Dijo que podía, pero antes de comenzar, me advirtió que no omitiera el lado desfavorable.

"Lo que quiero que hagas", dijo él, "es que mezcles la grasa con el magro y me dejes mirar tu alma misma, no desde su lado más favorable, sino desde todos los lados".

¡Durante tres horas hablé mientras Mellett escuchaba!

No omití nada. Le hablé de mis luchas, de mis errores, de mis impulsos de ser deshonesto cuando las mareas de la fortuna me golpearon demasiado rápido, y de mi mejor juicio que prevaleció al final, pero solo después de que mi conciencia y yo nos comprometiéramos a una larga batalla. Le conté cómo concebí la idea de organizar la filosofía de la Ley del Éxito, cómo había recopilado los datos que habían entrado en la filosofía, las pruebas que había realizado que dieron como resultado la eliminación de algunos de los datos y la preservación de otras partes del mismo.

Después de que terminé, Mellett dijo: "Deseo hacerte una pregunta muy personal y espero que la respondas tan francamente como has contado el resto de tu historia. ¿Has acumulado algún dinero de tus esfuerzos y, si no, sabes por qué no lo has hecho?

LA LEY DEL ÉXITO

"¡No!" Respondí. "No he acumulado nada más que experiencia y conocimiento y algunas deudas, y la razón, aunque no sea sólida, se explica fácilmente. La verdad es que he estado tan ocupado todos estos años tratando de eliminar parte de mi propia ignorancia para poder recopilar y organizar inteligentemente los datos que se han incluido en la filosofía de la Ley del Éxito que no he tenido la oportunidad ni la inclinación de hacerlo a convertir mis esfuerzos en ganar dinero".

La mirada seria en el rostro de Mellett, para mi sorpresa, se suavizó en una sonrisa cuando puso su mano sobre mi hombro y dijo:

"Sabía la respuesta antes de que la dijeras, pero me preguntaba si la sabías. Probablemente sepas que no eres el único hombre que ha tenido que sacrificar una remuneración monetaria inmediata en aras de acumular conocimiento, porque en verdad tu experiencia ha sido la de todos los filósofos desde la época de Sócrates hasta el presente".

Esas palabras cayeron como el sonido de la música en mis oídos. Había hecho una de las admisiones más vergonzosas de mi vida; había puesto mi alma al desnudo, admitiendo una derrota temporal en casi todas las encrucijadas por las que había pasado en mis luchas, y había rematado todo esto al admitir que un exponente de la Ley del Éxito era, en sí mismo, ¡un fracaso temporal! ¡Qué incongruente parecía! Me sentí estúpido, humillado y avergonzado cuando me senté frente al par de ojos más inquisitivos y al hombre más curioso que jamás había conocido. El ridículo más absoluto se apoderó de mí como un relámpago. ¡LA FILOSOFÍA DEL ÉXITO, CREADA Y DIFUNDIDA POR UN HOMBRE QUE OBVIAMENTE FRACASÓ!

Este pensamiento me afectó con tanta fuerza que lo expresé en palabras. "¿Qué?" Mellett exclamó: "¿Un fracaso?

"Seguramente sabes la diferencia entre el fracaso y la derrota temporal", continuó. "Ningún hombre es un fracaso si crea una sola idea, mucho menos una filosofía completa, que sirva para suavizar las decepciones y minimizar las dificultades de las generaciones venideras".

Me preguntaba cuál era el objeto de esta entrevista. Mi primera conjetura fue que Mellett quería algunos hechos sobre los cuales basar un ataque, en su periódico, sobre la filosofía de la Ley del Éxito. Tal vez este pensamiento surgió de algunas de mis experiencias previas con los periodistas, algunos de los cuales habían sido agresivos conmigo. En cualquier caso, decidí al comienzo de la entrevista mostrar los hechos, sin adornos, provocaran lo que fuese.

Antes de dejar la oficina de Mellett, nos habíamos convertido en socios comerciales, con el acuerdo de que renunciaría como editor del Canton Daily News y se haría cargo de la gestión de todos mis asuntos, tan pronto como esto pudiera arreglarse.

Mientras tanto, comencé a escribir una serie de editoriales de portada dominicales que se publicaron en el Canton Daily News, basados en la filosofía de la Ley del Éxito.

Uno de estos editoriales llamó la atención del juez Elbert H. Gary, quien en ese momento era el presidente de la junta de la Corporación de Acero de los Estados Unidos. Esto dio lugar al inicio de conversaciones entre Mellett y el juez Gary, lo que, a su vez, llevó a la oferta del juez Gary de comprar el libro La Ley del Éxito para uso de los empleados de la Corporación del Acero.

¡Los vientos de la fortuna habían comenzado a cambiar a mi favor! Las semillas que había estado sembrando durante largos años de trabajo, HACIENDO MÁS DE LO PAGADO, comenzaban por fin a germinar!

LA LEY DEL ÉXITO

A pesar de que mi socio fue asesinado antes de que nuestros planes hubieran comenzado a rodar, y el juez Gary murió antes de que la filosofía de la Ley del Éxito pudiera ajustarse a sus requisitos, la "entrega absoluta que tuve al trabajo" en esa fatídica noche, cuando hablé ante una audiencia de trece personas en Canton, Ohio, comenzó una cadena de eventos que ahora avanzan rápidamente sin que ahora tenga que pensar ni esforzarme.

Con este trasfondo de la historia sobre la filosofía de la Ley del Éxito en su conjunto, y este capítulo en particular, estás mejor preparado para aceptar como sólida la ley en la que se basa este capítulo.

Hay más de una veintena de buenas razones por las que deberías desarrollar el hábito de prestar más y mejor servicio que el que te pagan, a pesar de que la gran mayoría de la gente no está prestando tal servicio.

Sin embargo, hay dos razones para prestar tal servicio, que trascienden en importancia a todas las demás:

Primero: al establecer la reputación de ser una persona que siempre presta más y mejor servicio que el que te pagan, te beneficiarás en comparación con los que no prestan tal servicio, y el contraste será tan notorio que habrá una gran competencia por tus servicios, sin importar cuál sea el trabajo de tu vida.

Segundo: con mucho, la razón más importante por la que debes prestar más servicio del que se te paga, una razón que es de naturaleza básica y fundamental, puede describirse de esta manera: supón que deseas desarrollar un brazo derecho fuerte, y supongamos que trataste de hacerlo atando el brazo a tu costado con una cuerda, sin usarlo y dándole un largo descanso. ¿El desuso traería fuerza, o traería atrofia y debilidad, resultando finalmente en que te veas obligado a extirpar el brazo? Debilidad, por supuesto; sólo la lucha y la resistencia dan fuerza.

A través de las leyes invariables de la Naturaleza, la lucha y la resistencia desarrollan fuerza, y el propósito de esta lección es mostrarte cómo aprovechar esta ley y usarla de modo que te ayude en tu lucha hacia el éxito. Al realizar más y mejor servicio que aquel por el que se te paga, no sólo ejerces tu hábito de hacer más de lo que se paga, sino que desarrollas cualidades de prestación de servicios y, por lo tanto, habilidades y capacidades extraordinarias, que construyen una reputación de valor incalculable. Si adquieres el hábito de prestar ese servicio, te volverás tan hábil en tu trabajo que podrás exigir una remuneración mayor. Con el tiempo desarrollarás la fuerza suficiente que te permita salir de cualquier situación indeseable en la vida y nadie querrá ni podrá detenerte.

Personalmente, nunca recibí un respaldo en mi vida que no pudiera relacionar directamente con el reconocimiento que había ganado al prestar más y mejor servicio que el que me pagaron.

Pasaremos ahora a analizar la ley sobre la que se funda todo este capítulo, es decir,

¡La ley de los rendimientos crecientes!

En primer lugar, hagamos hincapié en el hecho de que no hay engaño ni argucia relacionada con esta Ley, aunque no pocos parecen no haber aprendido esta gran verdad, a juzgar por el número de los que dedican todos sus esfuerzos a conseguir algo a cambio de nada, o algo por menos de su verdadero valor.

Una característica notable y digna de mención de la Ley de Rendimientos Crecientes es que puede ser utilizada tanto por aquellos que compran servicios con grandes beneficios como por los que prestan servicios, para lo cual no tenemos más que estudiar los efectos de la famosa escala de salario mínimo de Cinco Dólares al Día de Henry Ford que instauró hace algunos años.

Quienes conocen estos hechos dicen que el Sr. Ford cuando estableció salarios mínimos, no lo hizo de forma desinteresada, más bien al contrario, se estaba aprovechando de un principio comercial que seguramente le dio mayores beneficios, tanto en dólares como en reputación, que cualquier otra política jamás establecida en la planta de Ford.

¡Al pagar un salario superior a la media, recibía más y mejor servicio que la media!

De un solo golpe, a través del establecimiento de esa política de salario mínimo, Ford atrajo la mejor mano de obra del mercado y estableció una prima por el privilegio de trabajar en su planta.

Mientras que otros empleadores se vieron obligados a depender de una supervisión costosa para obtener el servicio al que tenían derecho y por el que estaban pagando, Ford obtuvo el mismo o mejor servicio mediante el método menos costoso de otorgar una prima al empleo en su planta.

Marshall Field fue probablemente el comerciante más importante de su época, y la gran tienda de Field en Chicago se erige hoy como un monumento a su capacidad para aplicar la Ley de Rendimientos Crecientes.

Una clienta compró una costos vestido entallado en la tienda Field, pero no lo llegó a usar. Dos años más tarde, se lo dio a su sobrina como regalo de bodas. La sobrina devolvió el vestido a la tienda Field y lo cambió por otro producto, a pesar de que llevaba más de dos años en el mercado y ya no estaba de moda.

Hábito de hacer más de lo pagado

La tienda Field no solo aceptó la devolución, sino que, lo que es más importante, ¡lo hizo sin pedir explicación!

Por supuesto, no había obligación, moral o legal, por parte de la tienda de aceptar la devolución del vestido entallado fuera de plazo, lo que hace que la transacción sea aún más significativa.

El vestido tenía un precio original de cincuenta dólares y, por supuesto, había que llevarlo al mostrador de gangas y venderlo por lo que fuera, pero el buen conocedor de la naturaleza humana comprenderá que la tienda Field no solo no perdió nada en ese vestido, sino que en realidad se benefició de la transacción en una forma que no se puede medir en meros dólares.

La mujer que devolvió el vestido sabía que no tenía derecho a la devolución; por lo tanto, cuando la tienda le dio aquello a lo que no tenía derecho, la operación la ganó como cliente para siempre. Pero el efecto de todo eso no terminó aquí; solo comenzó, porque esta mujer difundió por todas partes el excepcional trato que había recibido en la tienda Field. Fue la comidilla de las mujeres de su grupo durante muchos días, y la tienda Field recibió más publicidad de la transacción de la que podría haber adquirido de otro modo con diez veces el valor del vestido.

El éxito de la tienda Field se basó en gran medida en la comprensión de Marshall Field de la Ley de rendimientos crecientes, lo que lo impulsó a adoptar, como parte de su política comercial, el eslogan: "El cliente siempre tiene la razón". Cuando haces sólo aquello por lo que te pagan, no hay nada fuera de lo común que atraiga comentarios favorables sobre la transacción. Sin embargo, cuando voluntariamente haces más de lo que te pagan, tu acción atrae la atención favorable de todos los que se ven afectados por la transacción, y da otro paso hacia el establecimiento de una reputación que finalmente hará que la Ley de rendimientos crecientes funcione en tu nombre, porque esta reputación crea una demanda de tus servicios por todos lados.

Uno de los ascensos más ventajosos que he recibido se produjo por un incidente tan insignificante que parecía no tener importancia. Un sábado por la tarde, entró un abogado cuya oficina estaba en el mismo piso que la de mi jefe y me preguntó si sabía dónde podría conseguir un taquígrafo para hacer un trabajo que debía terminar ese mismo día.

Le dije que todos nuestros taquígrafos se habían ido ya a jugar un partido y que yo también me habría ido si él hubiera llamado cinco minutos más tarde, pero que estaría encantado de quedarme y hacer su trabajo, ya que podría ir a jugar un partido cualquier otro día y su trabajo tenía que hacerse en ese momento.

Hice el trabajo por él, y cuando me preguntó cuánto me debía, le respondí: "Oh, como mil dólares, siempre y cuando seas tú; si fuera para otra persona, no cobraría nada". Él sonrió y me dio las gracias.

No pensé, cuando hice ese comentario, que alguna vez me pagaría mil dólares por el trabajo de esa tarde, ¡pero lo hizo! Seis meses más tarde, después de haber olvidado por completo el incidente, me llamó de nuevo y me preguntó qué salario tenía. Cuando se lo dije, me informó que estaba dispuesto a pagarme esos mil dólares que le había dicho entre risas que le cobraría por el trabajo que había realizado para él, y me los pagó dándome un puesto con un aumento de sueldo de mil dólares al año.

Inconscientemente, había puesto la Ley de Rendimientos Crecientes a trabajar en mi favor esa tarde, al renunciar al partido de fútbol y prestar un servicio que obviamente realicé por un deseo de ser útil y no por una consideración monetaria.

Es literalmente cierto que puedes tener éxito mejor y más rápido si ayudas a otros a tener éxito.

Hace unos diez años, cuando me dedicaba al negocio de la publicidad, hice toda mi clientela gracias a la aplicación de los fundamentos sobre los que se basa esta lección. Me inscribí en diversos programas de empresas de ventas por correo y recibí su publicidad comercial. Cuando recibía sus folletos que creía podía mejorar, me ponía a trabajar en ellos para mejorarlos, luego los enviaba de vuelta a la empresa que me lo había remitido, con una carta que decía que esto era solo una muestra insignificante de lo que podía hacer, que tenía muchas otras buenas ideas, y que me complacería brindar un servicio estable por una tarifa mensual.

Inevitablemente, esto hizo que me contrataran.

Hace varios años, me invitaron a dar una conferencia ante los alumnos de la Escuela Palmer, en Davenport, Iowa. Mi representante hizo lo necesario para que yo aceptara la invitación en las condiciones vigentes en aquel momento, que eran $100 por la conferencia y mis gastos de viaje.

Cuando llegué a Davenport, me encontré con un comité de bienvenida esperándome en el estacionamiento, y esa noche recibí una de las más cálidas bienvenidas que jamás había recibido durante mi carrera pública hasta ese momento. Conocí a muchas personas encantadoras de quienes recopilé muchos datos valiosos que me fueron de provecho; por lo tanto, cuando me pidieron que hiciera mi cuenta de gastos para que la escuela me diera un cheque, les dije que había recibido mi pago, multiplicado, por todo lo que había aprendido estando allí. Rechacé mis honorarios y regresé a mi oficina en Chicago, sintiéndome bien recompensado por el viaje.

LA LEY DEL ÉXITO

A la mañana siguiente, el Dr. Palmer se presentó ante los dos mil estudiantes de su escuela y anunció lo que yo había dicho acerca de sentirme recompensado por lo que había aprendido, y agregó:

"En los veinte años que he estado dirigiendo esta escuela, he tenido decenas de oradores dirigiéndose al alumnado, pero esta es la primera vez que conozco a un hombre que se niega a cobrar sus honorarios porque siente que ha sido recompensado por su servicio de otras maneras. Este hombre es el editor de una revista nacional, y os aconsejo a cada uno de vosotros que os suscribáis a esa revista, porque un hombre como este ha de tener mucho de lo que cada uno de vosotros necesitará cuando salgáis a trabajar y ofrecer vuestros servicios".

A mediados de esa semana, había recibido más de $6.000 por suscripciones a la revista de la que era editor, y durante los siguientes dos años, estos mismos dos mil estudiantes y sus amigos enviaron más de $50.000 por suscripciones.

Dime, si puedes, ¿cómo o dónde podría haber invertido $100 de manera tan rentable como esta, al negarme a aceptar mi tarifa de $100 y, por lo tanto, hacer que la Ley de Rendimientos Crecientes trabaje en mi nombre?

Una de las razones más importantes por las que siempre debemos estar no solo listos sino dispuestos a prestar servicio es el hecho de que cada vez que lo hacemos, ganamos otra oportunidad de demostrarle a alguien que tenemos capacidad; damos un paso más para conseguir el necesario reconocimiento que todos debemos tener.

Ahora dirijamos nuestra atención a otra característica importante de este hábito de realizar más y mejor servicio que aquel por el que se nos paga; es decir, el hecho de que podemos desarrollar este hábito sin pedir permiso para hacerlo.

Dicho servicio puede prestarse por iniciativa propia, sin el consentimiento de ninguna persona. No tienes que consultar a aquellos a quienes prestas el servicio, porque es un privilegio sobre el cual tienes control total.

Haz que tu negocio sea prestar más y mejor servicio que el que te pagan, y ¡vaya! antes de que te des cuenta comprobarás que ¡EL MUNDO ESTÁ PAGANDO CON GUSTO POR MÁS DE LO QUE TÚ HACES!

El interés compuesto sobre el interés compuesto es el importe que se te pagará por dicho servicio. El modo en el que se produce este efecto piramidal de ganancias se deja a tu entera elección.

Ahora, ¿qué vas a hacer con lo que has aprendido en este capítulo? ¿cuando? ¿cómo? Y ¿por qué? Este capítulo puede no ser de valor para ti a menos que te impulse a adoptar y utilizar el conocimiento que te ha brindado.

Nunca podrás convertirte en líder sin hacer más de lo que te pagan, y no podrás tener éxito sin desarrollar el liderazgo en el trabajo que tú elijas.

LA LEY DEL ÉXITO

Lección Diez

Personalidad atractiva

"¡Puedes hacerlo si crees que puedes!"

¿Qué es una personalidad ATRACTIVA?

Obviamente, la respuesta es: una personalidad que atrae. Pero, ¿qué hace que una personalidad atraiga? Vamos a averiguarlo. Tu personalidad es la suma total de tus características y apariencias que te distinguen de todos los demás. La ropa que vistes, las formas de tu cara, el tono de su voz, los pensamientos que tienes, el carácter que has desarrollado con esos pensamientos, todo constituye parte de tu personalidad.

Si tu personalidad es atractiva o no es otra cuestión.

Con diferencia, la parte más importante de tu personalidad es la que está representada por tu carácter y, por lo tanto, es la parte que no es visible. El estilo de tu ropa y tu apariencia física sin duda constituyen una parte muy importante de tu personalidad, ya que es cierto que las personas se forman las primeras impresiones de ti por tu apariencia exterior.

Incluso la forma de dar la mano forma una parte importante de tu personalidad y dura mucho tiempo. Es una manera de atraer o repeler a aquellos a quienes das la mano.

La expresión de tus ojos también forma una parte importante de tu personalidad, porque hay personas, y son más de lo que uno podría imaginar, que a través de tus ojos ven tu corazón y lo que dicen tus pensamientos más secretos.

La vitalidad de tu cuerpo, a veces llamada magnetismo personal, también constituye una parte importante de tu personalidad.

Ahora vamos a presentar estos medios externos a través de los cuales se expresa la naturaleza de nuestra personalidad, de modo que atraiga y no rechace.

Hay una forma en la que puedes expresar toda tu personalidad de tal manera que siempre atraerá, aunque seas tan fea como la "mujer gorda" del circo, *y es mostrando interés en cosas de la otra persona.*

Permíteme ilustrar exactamente lo que quiero decir relatando un incidente que sucedió hace algunos años, del cual aprendí una lección especial en ventas.

Un día, una anciana llamó a mi oficina y pidió verme personalmente. Ninguno de mis secretarios pudo averiguar el motivo por el que quería reunirse conmigo; por lo tanto, pensé que era una pobre vieja que quería venderme un libro, y, al recordar a mi propia madre, decidí salir a recepción y comprar su libro, cualquiera que fuese.

Mientras caminaba por el pasillo desde mi despacho, esta anciana, que estaba de pie tras la barandilla que conducía a la recepción principal, comenzó a sonreír.

Había visto sonreír a muchas personas, pero nunca antes había visto a alguien que sonriera tan dulcemente como esta señora. Era una sonrisa contagiosa, porque capté su espíritu y comencé a sonreír también.

Cuando llegué a la barandilla, la anciana extendió su mano para estrecharme la mía. Por regla general, me muestro un poco distante en el primer contacto cuando una persona viene a mi oficina, porque es muy difícil decir "no" si esa me pide algo que no quiero hacer.

LA LEY DEL ÉXITO

Sin embargo, esta adorable anciana parecía tan dulcemente inocente e inofensiva que extendí mi mano y ¡ella comenzó a estrecharla! Entonces descubrí que no solo tenía una sonrisa atractiva, sino que también tenía un apretón de manos magnético. Me tomó la mano con firmeza, pero no demasiado, y la forma en que lo hizo me transmitió la idea de que era ella quien estaba haciendo los honores. Me hizo sentir que estaba real y verdaderamente contenta de estrecharme la mano, y creo que lo estaba. Creo que su apretón de manos provenía tanto del corazón como de la mano.

Ten en cuenta lo bien que esta anciana usó una sonrisa y un apretón de manos como herramientas para abrir la ventana que conducía a mi corazón, pero la parte más importante del encuentro aún no lo he relatado.

Lenta y deliberadamente, como si tuviera todo el tiempo que había en el universo (y lo tenía, en lo que a mí respecta en ese momento), la anciana dio el primer paso para convertir en realidad lo que pretendía al decir:

"Solo vine aquí para decirle (hizo una larga pausa) que creo que está haciendo el trabajo más maravilloso que cualquier persona pueda hacer hoy en día".

Cada palabra era enfatizada por un suave pero firme apretón de mi mano, y ella miraba a través de mis ojos y dentro de mi corazón mientras hablaba.

Después de que recuperé el conocimiento (porque me desmayé por las continuas bromas de mis asistentes de la oficina), me agaché y abrí el pequeño pestillo secreto que aseguraba la puerta y dije:

"Entra, querida señora, entra en mi despacho", y con una reverencia galante que habría honrado a los caballeros de antaño, le pedí que entrara y "se sentara un rato".

Apenas se había sentado en mi oficina, desenrolló un paquete que confundí con un libro que había venido a venderme y, efectivamente, había un libro en el paquete, de hecho eran varios. Tenía el archivo de un año completo de la revista de la que yo era entonces editor (La Regla de Oro de Hill). Pasó las páginas de esas revistas y leyó los puntos que había marcado aquí y allá, asegurándome, mientras tanto, que siempre había creído en la filosofía de lo que estaba leyendo.

Luego, después de que yo estara en un estado completamente receptivo, mi visitante con mucho tacto cambió la conversación a un tema que, sospecho, tenía en mente discutir conmigo mucho antes de presentarse en mi oficina; pero, y este es otro punto en el que la mayoría de los vendedores cometen un error, si hubiera invertido el orden de su conversación y comenzado donde terminó, lo más probable es que nunca hubiera tenido la oportunidad de entrar en mi despacho.

Durante los últimos tres minutos de su visita, hábilmente me expuso los méritos de algunos títulos que estaba vendiendo. No me pidió que los comprara, pero la forma en la que me habló de esos libros tuvo el efecto psicológico de hacerme querer comprar. Aunque no le compré ninguno, consiguió hacer una venta, porque cogí el teléfono y le presenté a un hombre a quien luego le vendió más de cinco veces la cantidad que tenía la intención de venderme.

Todos somos iguales en este aspecto: escucharemos con intenso interés a quienes tengan el tacto de hablarnos de lo que más nos importa, y luego, por un sentido de reciprocidad, también escucharemos con interés cuando cambie la conversación a los temas que a él le interesan o emocionan. Al final, no solo "firmaremos donde nos indique", sino que diremos: "¡Qué personalidad tan maravillosa!".

Un Carnegie, un Rockefeller, un James J. Hill o un Marshall Field acumulan una fortuna por la aplicación de los mismos principios que están disponibles para todos los demás, pero les envidiamos su riqueza sin siquiera pensar en estudiar su filosofía y aprovecharla.

Vemos a un hombre de éxito en el momento de su triunfo y nos preguntamos cómo lo hizo, pero pasamos por alto la importancia de analizar sus métodos y olvidamos el precio que tuvo que pagar en la preparación cuidadosa y bien organizada que tuvo que hacer antes de que cosechara los frutos de sus esfuerzos.

Por supuesto, hay quien tendrá una concepción equivocada del principio que aquí trato de aclarar, al sacar la conclusión de que cualquier adulación vulgar sustituirá al verdadero interés. Espero que tú no seas uno de estos. Espero que entiendas la verdadera psicología sobre la que se basa este capítulo y que estudies con detalle a otras personas que admires por su trabajo o su forma de ser. Solo así podrás desarrollar una personalidad que te resultará irresistiblemente atractiva.

La adulación vulgar tiene exactamente el efecto contrario al de constituir una personalidad atractiva. Repele en lugar de atraer. Es tan superficial que incluso los ignorantes lo detectan fácilmente.

Una Personalidad Atractiva es aquella que hace uso de la Imaginación y la Cooperación.

Analiza a cualquier persona que no tenga una Personalidad Atractiva y encontrarás que le faltan las facultades de Imaginación y Cooperación.

Esto nos lleva a presentar una de las mejores lecciones sobre la personalidad nunca escritas. También es una de las lecciones más eficaces sobre el arte de vender jamás publicadas, porque una personalidad atractiva y el arte de vender siempre deben ir de la mano; son inseparables.

Hago referencia a la obra maestra de Shakespeare, el discurso de Marco Antonio en el funeral de César. Tal vez hayas leído esta frase, pero aquí la presento con interpretaciones entre paréntesis que pueden ayudarte a obtener un nuevo significado de la misma. El contexto de esa alocución era algo así como lo siguiente:

César ha muerto, y se llama a Bruto, su asesino, para que explique a la multitud romana reunida en el funeral por qué mató a César. Imagina una multitud exaltada no muy bien avenida con César y que ya creía que Bruto había hecho un acto noble al asesinarlo.

Bruto sube al estrado y hace una breve declaración de sus razones para matar a César. Confiado en que ha ganado el desafío, toma asiento. Su comportamiento es altivo, el de alguien que cree que su palabra será aceptada sin rechistar.

Marco Antonio sube ahora al estrado, sabiendo que la multitud le es adversa porque es amigo de César. En un tono de voz bajo y resignado, Antonio comienza a hablar:

Antonio:	Por el bien de Bruto, estoy en deuda con vosotros.
Cuarto ciudadano:	¿Qué dice de Bruto?
Tercer Ciudadano:	Dice que, por el bien de Bruto, está aquí con todos nosotros.
Cuarto ciudadano:	'Sería mejor que no hablara mal de Bruto.
Primer ciudadano:	Este César era un tirano.
Tercer Ciudadano:	Eso es verdad; estamos contentos de que Roma se haya librado de él.
Segundo Ciudadano:	¡Silencio! Oigamos lo que Antonio tiene que decir.

(Aquí observarás, en la frase inicial de Antonio, su ingeniosa manera de "neutralizar" las mentes de sus oyentes).

Antonio:	Amables romanos,—

LA LEY DEL ÉXITO

(Casi tan "amables" como una pandilla de anarquistas en una reunión revolucionaria de trabajadores).

Todos: ¡Silencio! Escuchémoslo.

(Si Antonio hubiera comenzado su discurso "atizando" a Bruto, la historia de Roma habría sido diferente).

Antonio: Amigos, romanos, compatriotas, escuchadme: he venido a enterrar a César, no a ensalzarlo.

(Aliándose con el estado de ánimo de sus oyentes).

El mal que hacen los hombres les sobrevive; el bien suele quedar sepultado con sus huesos. Que así ocurra con César

Bruto os ha dicho que César era ambicioso: si lo fue, era la suya una falta grave, y gravemente la ha pagado. Por la benevolencia de Bruto y de los demás, pues Bruto es un hombre de honor, como lo son todos, he venido a hablar en el funeral de César.

Fue mi amigo, fiel y justo conmigo; pero Bruto dice que era ambicioso. Bruto es un hombre honorable. Trajo a Roma muchos prisioneros de guerra, cuyos rescates llenaron el tesoro público. ¿Puede verse en esto la ambición de César? Cuando el pobre lloró, César lo consoló. La ambición suele estar hecha de una aleación más dura. Pero Bruto dice que era ambicioso y Bruto es un hombre de honor.

Todos visteis que, en las Lupercales, le ofrecí tres veces una corona real, y tres

veces la rechazó. ¿Eso era ambición? Pero
Bruto dice que era ambicioso y es indud-
able que Bruto es un hombre de honor.

No hablo para desmentir lo que Bruto
dijo, sino que estoy aquí para decir lo que
sé.

Todos le amasteis alguna vez, y no sin
razón. ¿Qué razón, entonces, os impide
ahora hacerle el duelo? ¡Ay, raciocinio
te has refugiado entre las bestias, y los
hombres han perdido la razón!... Perdonadme. Mi corazón está ahí, en esos
despojos fúnebres, con César, y he de
detenerme hasta que vuelva en mí.

(En este punto, Antonio hizo una pausa para darle a su
audiencia la oportunidad de comentar, entre ellos, sus primeras palabras. Su objetivo al hacer esto era observar qué
efecto estaban teniendo sus palabras, tal como un maestro
vendedor siempre alienta a su posible comprador a hablar
para que pueda saber lo que está en su mente).

Primer Ciudadano:	Creo que hay mucha sabiduría en lo que dice.
Segundo Ciudadano:	Si te paras a pensarlo, César cometió un gran error.
Tercer ciudadano:	¿Ah, si? Me temo que alguien peor ocupará su lugar.
Cuarto ciudadano:	¿Le has prestado atención? No creo que él quisiera tomar la corona. Y por lo tanto, no era un ambicioso.
Primer ciudadano:	Y si se descubriera que lo fue... algunos lo soportaríamos.

LA LEY DEL ÉXITO

Segundo ciudadano:	Pobrecillo, sus ojos están rojos como el fuego de llorar...
Tercer ciudadano:	No hay nadie más noble en Roma que Antonio.
Cuarto ciudadano:	Préstale atención, que empieza a hablar otra vez.
Antonio:	Ayer la palabra de César hubiera prevalecido contra el mundo.
	Ahora yace ahí y nadie hay lo suficientemente humilde como para reverenciarlo.
	¡Oh, señores! (apelando a su vanidad), si tuviera el propósito de excitar a vuestras mentes y vuestros corazones al motín y a la cólera, sería injusto con Bruto y con Casio, quienes, como todos sabéis, son hombres de honor.

(Observa con qué frecuencia Antonio ha repetido el término "honorable". Observa, también, cuán hábilmente presenta la primera sugerencia de que, tal vez, Bruto y Casio no sean tan honorables como la multitud romana cree que son. Esta sugerencia se lleva a cabo en las palabras "motín" y "rabia" que usa aquí por primera vez, después de que su pausa le diera tiempo para observar que la multitud se estaba poniendo de su lado en la discusión. Observa con qué cuidado está "tanteando" su exposición y haciendo que sus palabras se ajusten a lo que él sabe que es el estado de ánimo de sus oyentes).

Antonio:	No quiero ser injusto con ellos. Prefiero serlo con el muerto, conmigo y con vosotros, antes que con esos hombres tan honorables!

(Cristalizando su sugerencia en odio hacia Bruto y Casio, luego apela a su curiosidad y comienza a sentar las bases para su apoteosis, un colofón que él sabe que ganará a la masa porque lo está alcanzando con tanta astucia que la multitud cree que es su propia conclusión).

Antonio: Pero aquí hay un pergamino con el sello de César. Lo encontré en su gabinete. Es su testamento. Si se hiciera público este testamento que, perdonadme, no tengo intención de leer,

(Reforzando su apelación a su curiosidad haciéndoles creer que no tiene la intención de leer el testamento.)

irían a besar las heridas de César muerto y a empapar sus pañuelos en su sagrada sangre. Sí. Suplicarían un cabello suyo como reliquia, y al morir lo mencionarían en su testamento, como un rico legado a su posteridad!

(La naturaleza humana siempre quiere lo que es difícil de conseguir, o lo que está a punto de perder. Observa con qué astucia Antonio ha despertado el interés de la multitud y les ha hecho querer escuchar la lectura del testamento, preparándolos así para escucharlo con la mente abierta. Esto marca su segundo paso en el proceso de "neutralizar" sus mentes).

Todos: ¡El testamento! ¡El testamento! Queremos escuchar el testamento del César.

Antonio: Tened paciencia, amigos. No debo leerlo. No es conveniente que sepáis hasta qué extremo os amó César. No estáis hechos de madera, no estáis hechos de piedra, sois hombres, y, como hombres, si oís el

155

	testamento de César os vais a enfurecer, os vais a volver locos. No es bueno que sepáis que sois sus herederos, pues si lo supierais, podría ocurrir cualquier cosa.
Cuarto ciudadano:	Lee el testamento. Queremos escucharlo, Antonio: debes leernos el testamento, el testamento de Cesar.
Antonio:	¿Queréis tener paciencia? ¿Queréis esperar un momento? He ido demasiado lejos en deciros esto. Temo agraviar a los honorables hombres cuyos puñales traspasaron a César. ¡Lo temo!

("Puñales" sugiere un asesinato cruel. Observa cuán inteligentemente Antonio introduce esto en su discurso, y observa, también, lo rápido que la multitud capta su significado, porque, sin que ellos lo sepan, Antonio cuidadosamente ha preparado sus mentes para esta sugerencia).

Cuarto ciudadano:	¡Esos hombres honorables son unos traidores!
Todos:	¡El testamento! ¡El testamento!
Segundo ciudadano:	¡Son unos miserables asesinos! ¡El testamento! ¡Lee el testamento!

(Justo lo que Antonio habría dicho al principio, pero sabía que tendría un efecto mejor si colocaba el pensamiento en la mente de la multitud y conseguía que ellos mismos lo dijeran).

| Antonio: | ¿Me obligáis a que lea el testamento? En ese caso, formad círculo en torno al cadáver de César, y dejadme mostraros al que hizo el testamento. ¿Bajo? ¿Me dais vuestro permiso? |

(Este era el momento en el que Bruto debería haber comenzado a buscar una puerta trasera por la que escapar).

Todos los ciudadanos: ¡Baja!
    Varios ciudadanos: ¡Baja!
    Segundo ciudadano: ¡Baja!
    Tercer ciudadano: Tienes Permiso

(ANTONIO baja.)

    Cuarto ciudadano: Acercaos, haced un círculo.
    Primer ciudadano: Haced sitio al cadáver.
    Segundo ciudadano: Haced sitio al noble Antonio.
    Antonio: ¡No me empujéis! ¡Alejaos!

(Él sabía que esta orden haría que quisieran acercarse más, que es lo que quería que hicieran).

    Todos: ¡Atrás, atrás!
    Antonio: Si tenéis lágrimas, preparaos a derramarlas. Todos conocéis este manto.
Recuerdo la primera vez que César se lo puso.
Era una tarde de verano, en su tienda, el día que venció a los nervos.
¡Mirad: por aquí penetró el puñal de Casio!

¡Ved que brecha abrió el envidioso Casca!
¡Por esta otra le apuñaló su muy amado Bruto!
Y al retirar su maldito acero, observad cómo la sangre de César lo siguió,
como si abriera de par en par para cerciorarse
si Bruto, malignamente, la hubiera llamado.

Porque Bruto, como sabéis, era el ángel de
César.
¡Juzgad, oh dioses, con que ternura le amaba
César!
¡Ese fue el golpe más cruel de todos,
 porque cuando el noble César
vio que él lo apuñalaba, la ingratitud,
 más fuerte que las armas de los traidores,
lo aniquiló completamente.
Entonces estalló su poderoso corazón,
y, cubriéndose el rostro con el manto,
el gran César cayó a los pies
de la estatua de Pompeyo,
al pie de la cual se desangró…
¡Oh qué funesta caída, conciudadanos!
En aquel momento, yo, y vosotros, y todos,
caímos, mientras la sangrienta traición nos
sumergía.
Ahora lloráis, y me doy cuenta que empezáis
a sentir piedad.
Esas lágrimas son generosas.
Almas compasivas: ¿por qué lloráis, si sólo
habéis visto la desgarrada túnica de César?
Mirad aquí. Aquí está, desfigurado, como
veis, por los traidores.

(Observa cómo Antonio ahora usa la palabra "traidores" con
total libertad, porque sabe que está en armonía con lo que
está en la mente de la multitud romana).

Primer ciudadano: ¡Penoso espectáculo!
Segundo ciudadano: ¡Ay, noble César!
Tercer ciudadano: ¡Funesto día!
Cuarto ciudadano: ¡Traidores! ¡Miserables!
Primer ciudadano: ¡Sangrienta visión!
Segundo ciudadano: ¡Queremos venganza!

(Si Bruto hubiera sido un hombre sabio en lugar de un fanfarrón, habría estado a muchas millas de allí en ese momento).

Todos: ¡Venganza! ¡Juntos! Perseguidlos, quemadlos, matadlos, degolladlos, no dejéis un traidor vivo!

(Aquí Antonio da el siguiente paso para cristalizar el frenesí de la multitud, pero, como buen vendedor que es, no trata de forzar esta acción).

Antonio: ¡Conteneos, ciudadanos!
Primer ciudadano: ¡Calma! ¡Escuchemos al noble Antonio!
Segundo ciudadano: Lo escucharemos, lo seguiremos y moriremos por él.

(Por estas palabras, Antonio sabe que tiene a la multitud con él. Observa cómo aprovecha este momento psicológico, el momento que todos los maestros vendedores esperan).

Antonio: Amigos, queridos amigos: que no sea yo quien os empuje al motín. Los que han consumado esta acción son hombres dignos. Desconozco qué secretos agravios tenían para hacer lo que hicieron. Ellos son sabios y honorables, y no dudo que os darán razones. No he venido, amigos, a excitar vuestras pasiones. Yo no soy orador como Bruto, sino, como todos sabéis, un hombre franco y sencillo, que quería a mi amigo, y eso lo saben muy bien los que me permitieron hablar de él en público. Porque no tengo ni talento, ni elocuencia, ni mérito, ni estilo, ni ademanes, ni el poder de la oratoria para enardecer la sangre de los hombres. Hablo llanamente y sólo digo lo que vosotros mismos sabéis. Os muestro las heridas del amado César, pobres, pobres bocas mudas, y les pido que ellas hablen por mí. Pues si yo fuera Bruto, y Bruto Antonio, ese Antonio exasperaría vuestras almas y pondría una lengua en cada herida de César capaz de conmover y amotinar los cimientos de Roma.

Todos: Nos amotinaremos.
Primer ciudadano: ¡Quemaremos la casa de Bruto!
Antonio: Tened paciencia y escuchadme:
Todos: ¡Silencio!
Antonio: ¿Por qué, amigos, vais a hacer no sabéis qué; En qué ha merecido César así vuestros amores? Ay, no lo sabéis: Debo decíroslo, pues: Habéis olvidado el testamento del que os hablé.

(Antonio está listo para jugar su mejor carta; está listo para llegar al clímax. Observa lo bien que ha organizado sus sugerencias, paso a paso, dejando para el final su argumento más importante, aquel en el que se basa para actuar. En el gran campo de las ventas y de la oratoria, muchos hombres intentan llegar a este punto demasiado pronto, intentan "apresurar" a su público o a su posible comprador, y pierden así su atractivo).

Todos: Muy cierto. ¡El testamento! Permanezcamos y oigamos el testamento.
Antonio: Aquí está el testamento, y bajo el sello del César. A todo ciudadano romano él da A cada hombre, setenta y cinco dracmas.
Segundo ciudadano: ¡César tan noble!! Vengaremos su muerte.
Tercer ciudadano: ¡O César real!
Antonio: Escuchadme con paciencia.
Todos   Paz!

Antonio: Lega, además, todos sus paseos, sus quintas particulares y sus jardines, recién plantados a este lado del Tíber. Los deja a perpetuidad a vosotros y a vuestros herederos, como parques públicos, para que os paseéis y recreéis.

¡Éste sí que era un César! ¿Cuaádo tendréis otro como él?

Primer Ciudadano: Nunca, nunca. ¡Vamos, largo, fuera! Quemaremos su cuerpo en el santuario, y con las antorchas incendiaremos las casas de los traidores. Levantad el cuerpo.

Segundo ciudadano: Ve a buscar fuego.

Tercer ciudadano: Derribad los bancos.

Cuarto ciudadano: Rompámoslo todo, todo.

¡Y ese fue el final de Bruto!

Perdió su caso porque carecía de la personalidad y el buen juicio para presentar su argumento desde el punto de vista de la multitud romana, como lo hizo Marco Antonio. Toda su actitud indicaba claramente que pensaba bastante bien de sí mismo, que estaba orgulloso de su hazaña.

Todos conocemos personas, que se parecen un poco a Bruto en este aspecto, pero, si observamos en detalle, notamos que no logran mucho.

Supongamos que Marco Antonio hubiera subido a la plataforma en una actitud "chulesca" y hubiera comenzado su discurso de esta manera:

Ahora, romanos, dejad que os cuente algo sobre ese tal Bruto: es un asesino y... No habría ido más lejos, porque la turba lo habría abucheado.

LA LEY DEL ÉXITO

Como hábil vendedor y psicólogo práctico que fue, Marco Antonio presentó el caso de tal manera que no parecía ser su propia idea en absoluto, sino la de la multitud romana.

Shakespeare fue, con mucho, el más capacitado psicólogo y escritor jamás conocido; por esa razón, todos sus escritos se basan en un conocimiento infalible de la mente humana. A lo largo de este discurso, que puso en boca de Marco Antonio, observarás con qué cuidado asumió la actitud de "tú", con tanto cuidado que la turba romana estaba segura de que su decisión era suya.

Sin embargo, debo llamar tu atención sobre el hecho de que la apelación de Marco Antonio al interés propio de la multitud romana era astuta y se basaba en el sigilo con el que los hombres deshonestos a menudo hacen uso de este principio para apelar a la avaricia de sus víctimas. Si bien Marco Antonio mostró evidencia de un gran autocontrol al ser capaz de asumir, al comienzo de su discurso, una actitud hacia Bruto que no era real, al mismo tiempo es obvio que todo su atractivo se basó en su conocimiento de cómo influir en las mentes de la multitud romana a través del alago. Al igual que la anciana que vino a mi oficina, pero en un escenario mucho más grandioso, Antonio desarrolló una personalidad ganadora al comprender la naturaleza y el carácter de aquellos a quienes buscaba influir.

Ahora dirijamos nuestra atención al estudio de las muchas formas y medios a través de los cuales uno puede desarrollar una personalidad atractiva.

Comencemos con el primer elemento esencial, que es el carácter, porque nadie puede tener una personalidad atractiva sin la base de un carácter sólido y positivo. En el primer encuentro, "telegrafías" la naturaleza de tu carácter a aquellos con los que entras en contacto, lo que provoca una sensación "intuitiva" en la persona que acabas de conocer que tenía una sensación sobre ti no muy fidedigna.

Puedes vestirte con ropa del diseño más elegante y moderno, y comportarte de la manera más agradable en lo que respecta a las apariencias externas, pero si hay codicia, envidia, odio, celos, avaricia y egoísmo en tu corazón, nunca atraerás a nadie, excepto a aquellos que armonicen con tu carácter. Lo similar atrae a lo similar, y puedes estar seguro, por lo tanto, de que aquellos que se sienten atraídos por ti son aquellos cuya naturaleza interna es paralela a la tuya.

Puedes adornarte con una sonrisa artificial que contradiga tus sentimientos, y puedes practicar el arte de dar la mano para imitar a la perfección el apretón de manos de una persona experta en este arte, pero si estas manifestaciones externas de una personalidad atractiva carecen de ese factor vital llamado sinceridad, repelerán en lugar de atraer.

¿Cómo, entonces, puede uno construir el carácter?

El primer paso en la formación del carácter es una rígida autodisciplina.

Controla tus pensamientos y mantén tu mente vitalizada con pensamientos positivos. Deja que el pensamiento dominante de tu mente sea una imagen de la persona que pretendes ser: la persona que estás construyendo deliberadamente a través de este procedimiento.

Encuentra al menos una persona cada día, o más, si es posible, en quien veas alguna buena cualidad que sea digna de elogio, y elógiala. Recuerda, sin embargo, que este elogio no debe ser un halago vulgar y no sincero; debe ser real. Habla de alabanza con tal fervor que impresione a aquellos a quienes les hables; entonces mira lo que ocurre. Habrás prestado a aquellos a quienes alabas un beneficio evidente y de gran valor para ellos, y habrás dado un paso más en la dirección de desarrollar el hábito de buscar y encontrar las buenas cualidades en los demás. No puedo dejar de enfatizar los efectos de largo alcance de este hábito de alabar, abierta y entusiastamente, las buenas cualidades de los demás, porque este hábito pronto te recompensará con un sentimiento de respeto por sí mismo y una manifestación de gratitud de los demás que modificará toda tu personalidad. Aquí, nuevamente, entra la ley de la atracción, y aquellos a quienes alabas verán en ti las cualidades que tú ves en ellos. Tu éxito en la aplicación de esta fórmula estará en proporción exacta a tu fe en su solidez.

Expongamos ahora los principales factores que intervienen en el desarrollo de una personalidad atractiva, como sigue:

Adquiere el hábito de interesarte por los demás y ocúpate de encontrar sus buenas cualidades y habla de ellas en términos de elogio.

Desarrolla la capacidad de hablar con fuerza y convicción, tanto en las conversaciones ordinarias como antes de las reuniones públicas, donde debes emplear más volumen.

Vístete con un estilo que se adapte a tu constitución física y al trabajo que realizas.

Aprende a dar la mano para que expreses calidez de sentimiento y entusiasmo a través de esta forma de saludo.

Atrae a otras personas hacia ti primero "atrayéndote a ti mismo" a ellas.

Recuerda que tu única limitación, dentro de lo razonable, es la que TÚ estableces en TU PROPIA mente.

Hay un gran poder de atracción detrás de la persona que tiene un carácter positivo, y este poder se expresa a través de fuentes tanto invisibles como visibles. En el momento en que te acercas a hablar con esa persona, aunque no se hable ni una palabra, la influencia del "poder interior invisible" se hace sentir.

Cada interacción "sombría" en la que te involucras, cada pensamiento negativo que tienes y cada acto destructivo en el que te entregas, destruye gran parte de ese "algo sutil" dentro de ti que se conoce como carácter.

"Hablan por nosotros nuestras miradas, nuestros ojos; nuestras sonrisas; los saludos; el apretón de manos. Hacerlo mal en este sentido, mancha, estropea dar una buena impresión. Las personas no saben porqué no se confía en ellos, pero lo cierto es que no se confía en ellos. Sus gafas nublan su vista, degradan su mejilla, pellizcan la nariz, pone la marca de la bestia en la parte posterior de la cabeza y escriben, '¡es tonto! ¡tonto!' en la frente de un rey." (Emerson)

Adquiere el hábito de ser agradable, y te beneficiarás tanto material como mentalmente; porque nunca serás tan feliz de ninguna otra manera como lo serás cuando sepas que estás haciendo felices a los demás.

¡Quítate las frustraciones de encima y deja de retar a los demás para que te enreden en discusiones inútiles! Quítate las gafas oscuras a través de las cuales ves lo que crees que es el "azul" de la vida y en lugar de eso, admira el resplandor de la luz del sol de la amistad. Tira tu martillo y deja de destrozar, porque seguramente debes saber que los grandes premios de la vida son para los constructores y no para los destructores.

El arte de ser agradable, solo ese simple rasgo, es la base misma del arte de vender con éxito.

Conduzco mi automóvil cinco millas hasta las afueras de la ciudad para comprar gasolina que podría conseguir a dos cuadras de mi propio garaje, porque el hombre que dirige la estación de servicio es un artista; se preocupa de ser agradable. Voy allí, no porque tenga gasolina más barata, sino porque disfruto del efecto revitalizante de su atractiva personalidad.

Compro mis zapatos en la Regal Shoe Store, en Fiftieth Street y Broadway en Nueva York, no porque no pueda encontrar otros buenos zapatos al mismo precio, sino porque el Sr. Cobb, el gerente de esa Regal Store en particular, tiene una personalidad agradable. Mientras me ajusta los zapatos, se ocupa de hablarme sobre temas que sabe que me interesan.

Hago mis operaciones bancarias en el Harriman National Bank, en la calle Cuarenta y Cuatro y la Quinta Avenida, no porque no haya decenas de otros buenos bancos mucho más cerca de mi lugar de trabajo, sino porque el personal de caja y de seguridad, el señor Harriman y todos los demás con los que tengo contacto son agradables. Mi cuenta es pequeña, pero me reciben como si fuera grande.

Puedes ganar, por un tiempo, a través de la crueldad y el disimulo; puedes acumular más riqueza de la que necesitarás, por pura fuerza y una estrategia astuta, sin tomarte el tiempo o la molestia de ser agradable. Pero tarde o temprano, llegarás a ese punto de la vida en el cual sentirás remordimiento y vacío.

Nunca pienso en el poder, la posición y la riqueza que se lograron por la fuerza sin sentir, muy profundamente, el sentimiento expresado por un hombre cuyo nombre no me atrevo a mencionar, mientras estaba de pie junto a la tumba de Napoleón:

"Hace un rato me paré junto a la tumba del viejo Napoleón, una magnífica tumba de oro, digna casi de una deidad muerta, y contemplé el sarcófago de mármol extraño y sin nombre, donde descansan por fin las cenizas de ese hombre que no tuvo descanso. Me incliné sobre la balaustrada y pensé en la carrera del soldado más grande del mundo moderno. Lo vi en Toulon. Lo vi caminando por las orillas del Sena sufriendo. Lo vi sofocar a la mafia en las calles de París. Lo vi al frente del ejército en Italia. Lo vi cruzar el puente de Lodi con la tricolor en la mano. Lo vi en Egipto, a la sombra de las pirámides. Lo vi conquistar los Alpes y mezclar las águilas de Francia con las águilas de los acantilados. Lo vi en Marengo, en Ulm y en Austerlitz. Lo vi en Rusia, cuando la infantería en la nieve y la caballería de la ráfaga salvaje dispersaron sus legiones como hojas marchitas del invierno. Lo vi en Leipzig en la derrota y el desastre, empujado por un millón de bayonetas de regreso a París, agarrado como una bestia salvaje, desterrado a Elba. Lo vi escapar y retomar un imperio por la fuerza de su genio. Lo vi en el espantoso campo de Waterloo, donde el azar y el destino se combinaron para arruinar la fortuna de su antiguo rey. Y lo vi en Santa Elena, con las manos cruzadas a la espalda, contemplando el mar triste y solemne.

"Pensé en las viudas y los huérfanos que había hecho, en las lágrimas que había derramado por su gloria, y en la única mujer que lo amó, apartada de su corazón por la mano fría de la ambición. Y dije que preferiría haber sido un campesino francés y usar zapatos de madera; hubiera preferido vivir en una choza con una vid creciendo sobre la puerta, y las uvas enrojeciendo en los besos amorosos del sol otoñal; hubiera preferido ser ese pobre campesino, con mi esposa al lado tejiendo mientras el día moría en el cielo, con mis hijos sobre mis rodillas y sus brazos alrededor de mí; preferiría haber sido ese hombre y descender al silencio sin lengua del polvo sin sueños, que haber sido esa personificación imperial de la fuerza y el asesinato, conocida como Napoleón el Grande".

Les dejo, como final de este capítulo, esta disertación inmortal sobre un hombre que vivió por "la espada de la fuerza" y tuvo una muerte indigna, un repugnante a los ojos de sus semejantes, una herida en la memoria de la civilización, un fracaso porque:

¡No adquirió el arte de ser agradable!

Porque no podía o no quería subordinarse a sí mismo por el bien de sus seguidores.

LA LEY DEL ÉXITO

Lección Once

Pensamiento Preciso

"¡Puedes hacerlo si crees que puedes!"

Este capítulo es a la vez el más importante, el más interesante y el más difícil de presentar en este libro sobre la Ley del Éxito.

Es importante porque trata de un principio que recorre todo el libro. Es interesante por la misma razón. Es difícil de presentar porque llevará al lector más allá de la línea divisoria de sus experiencias habituales y a un ámbito de pensamiento en el que no está acostumbrado.

El pensamiento preciso implica dos fundamentos que se deben observar. Primero, para pensar correctamente debes separar los hechos de la mera información. Hay mucha "información" que no se basa en hechos. En segundo lugar, debes separar los hechos en dos clases: los importantes y los no importantes, o los relevantes y los irrelevantes.

Todos los hechos que puedes emplear para lograr tu objetivo principal definido son importantes y relevantes; todo lo que no puedes usar no es importante ni relevante. Esta distinción explica el abismo que separa ampliamente a las personas que parecen tener la misma capacidad y que han tenido las mismas oportunidades. En tu propio círculo de conocidos, puedes encontrar a una o más personas que han tenido las mismas oportunidades que tú, o quizás menos, la misma habilidad que tú, pero que están teniendo mucho más éxito.

¡Y tú te preguntas por qué!

Busca con atención y descubrirás que todas esas personas han adquirido el hábito de combinar y usar los hechos importantes que afectan su linea de trabajo. Lejos de trabajar más duro que tú, quizás estén trabajando menos y con mayor facilidad. Gracias a haber aprendido el secreto de separar los hechos importantes de los no importantes, se han provisto de una especie de equilibrio y palanca con la que mover con sus pequeños dedos cargas que uno no podría mover con todo el peso de su cuerpo.

Para que puedas comprender la importancia de distinguir entre los hechos y la mera información, estudia ese tipo de persona que se guía absolutamente por lo que oye, aquel que está influenciado por todos los "dimes y diretes"; que acepta, sin análisis, todo lo que lee en los periódicos y juzga a los demás por lo que dicen de ellos sus enemigos y competidores.

Busca entre tus conocidos y elige a uno de esta clase como ejemplo para tener presente mientras estamos en este tema. Observa que esta persona suele comenzar su conversación con algo así como: "He leído por ahí" o "dicen". El que piensa de forma inteligente sabe que los periódicos no siempre son escrupulosos en sus informaciones, y sabe también que lo que "dicen" suele llevar más falsedad que verdad. Si no has superado la etapa de "he leído que..." y aquello de "dicen que...", todavía tienes mucho camino por recorrer antes de convertirte en un pensador preciso. Naturalmente, muchas verdades y realidades de muchos hechos se cuelan bajo la apariencia de rumores e informaciones periodísticas, pero el pensador preciso no aceptará como tal todo lo que ve y oye.

LA LEY DEL ÉXITO

En el ámbito del proceso legal, existe un principio llamado ley de la evidencia, y el objeto de esta ley es llegar a los hechos. Cualquier juez puede actuar con justicia ante todos los implicados si tiene los hechos sobre los cuales basar su juicio, pero puede hacer estragos en personas inocentes si elude la ley de evidencia y llega a una conclusión o juicio que se basa en rumores.

Por lamentable que sea, lo cierto es que la mayor parte del pensamiento actual, lejos de ser exacto, se basa únicamente en la conveniencia. Es asombroso para el estudiante más avanzado del pensamiento exacto cuántas personas hay que son "honestas" cuando les es rentable, y encuentran infinidad de hechos (?) para justificarse a sí mismos en seguir un proceder deshonesto cuando ese rumbo parece ser más rentable o ventajoso.

Sin duda conoces gente que es así.

El pensador preciso adopta una norma por la cual se guía, y la aplica tanto cuando le supone una desventaja temporal como cuando le trae una ventaja sobresaliente; porque, siendo un pensador preciso, sabe que, por la ley de los promedios, como mínimo recuperará en algún momento futuro lo que pierde al aplicar su estándar en su propio detrimento temporal.

Al buscar datos, a menudo es necesario reunirlos mediante la experiencia y conocimiento de otras personas. Entonces es necesario examinar cuidadosamente tanto la prueba presentada como la persona de quien proviene, y cuando la prueba afecta el interés del testigo que la está brindando, habrá que examinarla más cuidadosamente, ya que los testigos que tienen interés en la prueba que están presentando a menudo ceden a la tentación de colorearla y distorsionarla para proteger ese interés.

Si un hombre difama a otro, sus comentarios deben tomarse con cierta cautela; pues es una tendencia humana no encontrar más que maldad de aquellas personas que no son de su agrado. Quien ha alcanzado el grado de pensamiento preciso que le permite hablar de su enemigo sin exagerar sus defectos y minimizar sus virtudes es la excepción y no la regla.

Antes de que puedas convertirte en un pensador preciso, debes comprender y tener en cuenta el hecho de que en el momento en que un hombre o una mujer comienza a asumir el liderazgo en cualquier ámbito de la vida, sus detractores comienzan a hacer circular "rumores y cotilleos" sobre su carácter.

No importa lo buena que sea la reputación de uno o el servicio que pueda prestar al mundo, uno no se puede escapar de esas personas a las que les divierte destruir en lugar de crear. Los enemigos políticos de Lincoln hicieron circular el rumor de que vivía con una mujer de color. Los enemigos políticos de Washington hicieron circular un rumor similar sobre él. Dado que tanto Lincoln como Washington eran hombres del sur, este rumor fue considerado por quienes lo difundieron como el más oportuno y degradante que pudieran imaginar.

Cuando Woodrow Wilson regresó de París con lo que él creía que era un plan sólido para abolir la guerra y resolver las disputas internacionales, todos, excepto el pensador preciso, podrían haber sido inducidos a creer, por las noticias del tipo "se dice...", que era una combinación de Nerón y Judas Iscariote. Los politiquillos y los interesados, así como los ignorantes, que no pensaron por sí mismos, se unieron en un masa con el propósito de destruir al único hombre en la historia de la humanidad que ofreció un plan para abolir la guerra.

LA LEY DEL ÉXITO

El propósito de estas referencias no es elogiar a aquellos que no necesitan elogios, sino llamar la atención sobre el hecho de que la prueba de "se dice..." siempre se debe tomar con cautela, más aún cuando es de naturaleza negativa o destructiva. Poco mal puede hacer aceptar como cierto algo de oídas que es constructivo; pero conviene asegurarse para considerarlo como un dato probado.

Muchas personas fueron derrotadas debido a sus prejuicios y odio, subestimaron las virtudes de sus enemigos o competidores. Los verdaderos pensadores ven los hechos, no los delirios de los prejuicios, el odio y la envidia.

Un pensador preciso debe ser algo así como un buen deportista en el sentido de que es lo suficientemente justo (al menos consigo mismo) para buscar tanto las virtudes como los defectos de los demás, pues no todos tienen las mismas cualidades.

Suponiendo que estas "claves" son suficientes para inculcar en tu mente la importancia de buscar evidencias hasta que estés seguro de haberlas encontrado, nos ocuparemos de la cuestión de organizar, clasificar y utilizar estas pruebas.

El hombre que sabe que está trabajando con hechos emprende su tarea con un sentimiento de confianza en sí mismo que le permite abstenerse de contemporizar, vacilar o esperar para estar seguro. Sabe de antemano cuál será el resultado de sus esfuerzos; por lo tanto, se mueve más rápidamente y logra más que quien "prueba suerte" porque no está seguro de estar trabajando con evidencias.

Quien ha aprendido acerca de las ventajas de buscar hechos como base de su pensamiento ha recorrido un largo camino hacia el desarrollo de un pensamiento preciso, pero quien haya aprendido a separar los hechos en importantes y no importantes ha avanzado aún más. Este último puede compararse con quien usa un taladro y, por lo tanto, logra de un solo golpe más de lo que el primero, que usa un simple martillo, puede lograr con diez mil golpes.

Analicemos, brevemente, algunos hombres que se han dedicado a ocuparse de los hechos importantes o relevantes relacionados con el trabajo de su vida.

Dado que esta es una época en la que el dinero se considera la prueba más concreta del éxito, estudiemos a un hombre que ha acumulado casi tanto como cualquier otro hombre en la historia del mundo: John D. Rockefeller.

El Sr. Rockefeller tiene una cualidad que destaca, como una estrella brillante, por encima de todas sus otras cualidades: es su hábito de tratar solo lo realmente importante relacionado con su trabajo. Cuando era muy joven (además de muy pobre), el Sr. Rockefeller adoptó como objetivo principal definido la acumulación de grandes riquezas. Hay quienes dicen que el Sr. Rockefeller no siempre fue justo con sus competidores. Eso puede ser cierto o no (como pensadores precisos, ahora no vamos a entrar en ello), pero nadie (ni siquiera sus competidores) acusaron al Sr. Rockefeller de realizar "juicios rápidos" o de subestimar la fuerza de sus competidores. No solo reconocía los hechos que afectaban a su negocio, donde y cuando los encontraba, sino que se dedicaba a buscarlos hasta estar seguro de haberlos encontrado.

Thomas A. Edison es otro ejemplo de un hombre que ha alcanzado la grandeza a través de la organización, clasificación y uso de hechos relevantes. El Sr. Edison trabajaba con las leyes naturales como sus principales elementos; por lo tanto, debía estar seguro de sus hechos antes de poder aprovechar esas leyes. Cada vez que presiones un botón y enciendas una bombilla, recuerda que fue la habilidad del Sr. Edison de organizar hechos importantes lo que lo hizo posible.

Cada vez que escuches un fonógrafo, recuerda que el Sr. Edison fue quien lo hizo realidad, por su hábito constante de ocuparse de temas importantes.

Cada vez que veas una imagen en movimiento, recuerda que nació de la costumbre del Sr. Edison de tratar con hechos importantes y relevantes.

Surge ahora la pregunta de qué constituye un hecho importante y relevante.

La respuesta depende totalmente de lo que constituye tu objetivo principal definido en la vida, porque un hecho importante y relevante es cualquier hecho que puedas usar, sin interferir con los derechos de los demás, en el logro de ese propósito. Todos los demás hechos, en lo que a ti respecta, son superfluos y de menor importancia a lo sumo.

La mente merece el análisis más minucioso posible en este capítulo porque la mente es la energía con la que se lleva a cabo todo pensamiento. Para aprender a PENSAR CON PRECISIÓN, cuya enseñanza es el único objeto de este capítulo, uno debe comprender a fondo:

Primero: Que la mente pueda ser controlada, guiada y dirigida a fines creativos y constructivos.

Segundo: Que la mente puede dirigirse a fines destructivos y que puede, voluntariamente, derribar y destruir a menos que sea controlada y dirigida de forma constructiva con un plan y de manera intencionada.

Tercero: Que la mente tiene poder sobre cada célula del cuerpo y puede hacer que cada célula haga el trabajo previsto perfectamente, o puede, por negligencia o mala dirección, destruir los objetivos funcionales normales de cualquiera o todas las células.

Cuarto: Que todo logro del hombre es el resultado del pensamiento, siendo de importancia secundaria la parte que desempeña su cuerpo físico, y en muchos casos sin importancia alguna excepto como lugar de alojamiento para la mente.

Quinto: Que el mayor de todos los logros, ya sea en la literatura, el arte, las finanzas, la industria, el comercio, el transporte, la religión, la política o los descubrimientos científicos, son generalmente el resultado de ideas concebidas en el cerebro de un hombre, pero TRANSFORMADAS EN REALIDAD POR OTROS HOMBRES, a través del uso combinado de sus mentes y cuerpos. (Lo que significa que la concepción de una idea es de mayor importancia que la transformación de esa idea en una forma más material, porque relativamente pocas personas pueden concebir ideas útiles, mientras que hay cientos de millones que pueden desarrollar una idea y darle forma material después de que haya sido concebida).

Sexto: La mayoría de todos los pensamientos concebidos en la mente de los hombres no son EXACTOS, sino más bien "opiniones" o "juicios rápidos".

El valor de adoptar un objetivo principal

Este capítulo sobre Pensamiento Preciso no sólo describe el propósito real de un objetivo principal definido, sino que explica en términos simples los principios a través de los cuales tal objetivo o propósito puede ser realizado. Primero creamos el objetivo hacia el cual nos estamos esforzando, a través de la imaginación, luego trasladamos al papel un esbozo describiéndolo de forma concreta y con un objetivo principal definido. Consultando diariamente esa formulación escrita, la mente consciente toma la idea o cosa que se busca y la entrega a la mente subconsciente, que, a su vez, dirige las energías del cuerpo para transformar el deseo en forma material.

LA LEY DEL ÉXITO

Deseo

El DESEO es la semilla de todo logro, el punto de partida, detrás del cual no hay nada, o al menos no hay nada de lo que tengamos algún conocimiento.

Un objetivo principal definido no tendría sentido a menos que se basara en un deseo fuerte y profundamente arraigado por el objetivo principal. Muchas personas "desean" muchas cosas, pero un deseo no es el equivalente de un fuerte DESEO y, por lo tanto, los deseos tienen poco o ningún valor a menos que se cristalicen en la forma más definida de DESEO.

Quienes que han dedicado años de investigación al tema creen que toda la energía y la materia en todo el universo responden y están controladas por la Ley de Atracción que provoca que elementos y fuerzas de la naturaleza se reúnan alrededor de ciertos centros de atracción. Es a través de la activación de esta misma Ley universal de Atracción que un DESEO fuerte, constante y profundamente asentado atrae el equivalente físico o la contraparte de la cosa deseada, o los medios para asegurarla.

Desde el mismo día en que definas en tu propia mente la cosa, condición o posición que quieres en la vida y la desees profundamente, observarás, si lees libros, periódicos y revistas, que noticias importantes y otros datos relacionados con el tema de tu objetivo principal definido comenzarán a llamar tu atención; observarás, también, que comenzarán a llegarte oportunidades que, si las aprovechas, te acercarán cada vez más a la codiciada meta de tu deseo.

El gran Disraeli dijo: "He llegado, tras largas meditaciones, a la convicción de que un ser humano con un propósito establecido debe lograrlo, y que nada puede resistir una voluntad que se jugará incluso la existencia en su cumplimiento".

Sir John Simpson dijo: "Un DESEO apasionado y una voluntad incansable pueden alcanzar cosas imposibles, o que pudieran parecer inalcanzables".

Y John Foster añade su testimonio cuando dice: "Es maravilloso cómo incluso los desgraciados parecen inclinarse ante un espíritu que no se inclinará ante ellos, y ceder para servir a un propósito que, en apariencia, parece frustrarse. Cuando se reconoce un espíritu firme y resolutivo, es curioso ver cómo se despeja el camino alrededor de un hombre y le deja espacio y libertad."

Abraham Lincoln dijo del general Grant: "Lo mejor de Grant es su fría persistencia de propósito, no se emociona fácilmente y tiene el control de un bulldog. Una vez que le mete los dientes, nada puede quitárselo de encima".

Parece apropiado afirmar aquí que un fuerte deseo, para ser transformado en realidad, debe ser respaldado con persistencia hasta que sea asumido por la mente subconsciente. No es suficiente sentir muy profundamente el deseo de lograr un objetivo principal definido durante unas pocas horas o unos pocos días y luego olvidarse por completo de ese deseo. El deseo debe colocarse en la mente y mantenerse allí, con la PERSISTENCIA QUE NO CONOCE LA DERROTA, hasta que la mente automática o subconsciente se haga cargo. Hasta este punto, debes alejarte del deseo y empujarlo; más allá de este punto, el deseo se mantendrá contigo y te empujará hacia el logro.

La persistencia puede compararse con la gota de agua que finalmente desgasta la piedra más dura. Cuando se haya completado el capítulo final de tu vida, comprobarás que tu persistencia, o la falta de esta excelente cualidad, jugó un papel importante en tu éxito o en tu fracaso.

LA LEY DEL ÉXITO

Este autor vio el combate de boxeo Tunney-Dempsey en Chicago. También estudió la psicología que precedió y rodeó su anterior combate. Dos cosas ayudaron a Tunney a derrotar a Dempsey en ambas ocasiones, a pesar de que Dempsey era el más fuerte de los dos hombres y, como muchos creen, el mejor luchador.

Y estas dos cosas, que significaron la derrota de Dempsey, fueron, en primer lugar, la falta de confianza en sí mismo, el temor de que Tunney pudiera derrotarlo, y, en segundo lugar, la total confianza en sí mismo de Tunney y su creencia de que derrotaría a Dempsey.

Tunney entró al ring con la barbilla hacia arriba, una atmósfera de seguridad en sí mismo y mostrando confianza en cada uno de sus movimientos. Dempsey entró con una especie de paso inseguro, mirando a Tunney como preguntándose: "Qué me harás".

Dempsey fue batido, en su propia mente, antes de entrar al ring. Los periodistas y analistas aseguraron que fue gracias a la capacidad de pensamiento superior de su oponente, Tunney.

Y así, continúa la historia, desde los empleos más bajos, la lucha por ganar posiciones más altas y encomiables. El éxito lo gana el hombre que entiende cómo usar su poder de pensamiento.

El pensamiento preciso es el pensamiento que hace un uso inteligente de todos los poderes de la mente humana, y no se detiene con el mero examen, clasificación y arreglo de ideas. El pensamiento preciso crea ideas, y puede transformarlas para que sean más provechosas y constructivas.

¡Los pensamientos son cosas!

Pensamiento Preciso

¡Todo pensamiento es creativo! Sin embargo, no todo pensamiento es constructivo o positivo. Si tienes pensamientos de miseria y pobreza y no ves forma de evitar estas condiciones, entonces tus pensamientos crearán esas mismas condiciones y te maldecirán con ellas. Pero invierte el orden y ten pensamientos positivos y esperanzadores, y tus pensamientos crearán esas condiciones.

> Nunca se sabe qué harán tus pensamientos
> al traerte odio o amor;
> Porque los pensamientos son cosas,
> y sus alas ligeras son más veloces
> que las palomas mensajeras.
> Siguen la ley del universo:
> cada cosa debe crear su esencia,
> Y aceleran sobre la pista para traerte de vuelta
> lo que sea que haya salido de tu mente.

—Ella Wheeler Wilcox

Está dentro de tu poder controlar tus pensamientos, y así recae sobre ti la responsabilidad de si los pensamientos serán positivos o negativos, lo que recuerda uno de los poemas más famosos del mundo, "Invictus":

> En la noche que me envuelve,
> negra, como un pozo insondable,
> le doy gracias a los dioses que pudieren existir,
> por mi alma inconquistable.

> En las garras de las circunstancias,
> no he gemido, ni he llorado.
> Bajo los golpes del destino,
> mi cabeza ensangrentada jamás se ha postrado.

LA LEY DEL ÉXITO

Más allá de este lugar de ira y llantos,
acecha la oscuridad con su horror,
Y sin embargo la amenaza de los años me halla,
y me hallará sin temor.

No importa cuán estrecho sea el camino,
ni cuántos castigos lleve a mi espalda,
Soy el amo de mi destino,
Soy el capitán de mi alma.

—William Ernest Henley

Eres el "amo de tu destino" y el "capitán de tu alma", porque controlas tus propios pensamientos y, con la ayuda de tus pensamientos, puedes crear lo que desees.

A medida que nos acercamos al final de este capítulo, apartemos la cortina que cuelga sobre la puerta llamada muerte y echemos un vistazo al Más Allá. He aquí un mundo poblado de seres que funcionan sin la ayuda de cuerpos físicos. Mira atentamente, ya sea para bien o para mal, observa que miras un mundo poblado de seres de tu propia creación, que corresponden exactamente a la naturaleza de tus propios pensamientos tal como los expresaste antes de la muerte. Ahí están, los hijos de tu propio corazón y mente, modelados según la imagen de tus propios pensamientos.

Aquellos que nacieron de tu odio, envidia, celos, egoísmo e injusticia hacia tus semejantes no serán vecinos muy deseables, pero debes vivir con ellos de todos modos, porque son tus hijos y no puedes echarlos.

Serás desafortunado, de hecho, si no encuentras allí hijos que hayan nacido del amor, la justicia, la verdad y la bondad hacia los demás.

A la luz de esta sugerencia alegórica, el concepto de pensamiento preciso adquiere un aspecto nuevo y mucho más importante, ¿verdad?

Si existe la posibilidad de que cada pensamiento que liberes durante esta vida salga a la luz, en la forma de un ser vivo, para saludarte después de la muerte, entonces no necesitas otra razón para guardar todos tus pensamientos más cuidadosamente de lo que guardarías la comida que alimenta tu cuerpo físico.

La verdad que el hombre busca eternamente está envuelta en su propio ser; por lo tanto, es inútil buscar lejos en el desierto de la vida o en los corazones de otros hombres para encontrarlo. Hacerlo no te acerca a lo que estás buscando, sino que te aleja más de él.

LA LEY DEL ÉXITO

Lección Doce

Concentración

"¡Puedes hacerlo si crees que puedes!"

Este capítulo ocupa una posición clave en este libro, porque la ley psicológica en la que se basa es de vital importancia para todos los demás capítulos del curso.

Definamos la palabra concentración, tal como se emplea aquí, de la siguiente manera:

"La concentración es el acto de enfocar la mente en un deseo determinado hasta que se hayan elaborado y puesto en práctica adecuadamente las formas y los medios para su realización".

La Ley del Hábito determina el modo en que la mente se concentra en un determinado deseo.

El hábito surge del comportamiento, de hacer lo mismo de la misma manera una y otra vez, de la repetición, de tener los mismos pensamientos una y otra vez, y, una vez formado, se asemeja a un bloque de cemento que se ha endurecido en el molde, que es difícil de romper.

Excepto en raras ocasiones, cuando la mente se eleva por encima del entorno, la mente humana extrae del entorno circundante el material a partir del cual se crea el pensamiento, y el hábito cristaliza este pensamiento en un pensamiento permanente. Lo fija y lo guarda en la mente subconsciente donde se convierte en una parte vital de nuestra personalidad, que silenciosamente influye en nuestras acciones, forma nuestros prejuicios y nuestras inclinaciones, y controla nuestras opiniones.

El hábito puede compararse con los surcos de un disco fonográfico, mientras que la mente puede compararse con la punta de la aguja que encaja en ese surco. Cuando un hábito ha sido bien formado (mediante la repetición de un pensamiento o una acción), la mente se adhiere a ese hábito y lo sigue tan de cerca como la aguja del fonógrafo sigue el surco en el disco de vinilo, sin importar cuál sea la naturaleza de ese hábito.

Empezamos a ver, por tanto, la importancia de seleccionar nuestro entorno con el mayor cuidado, porque el entorno es el terreno del que se extrae el alimento que entra en nuestra mente.

El hábito es una fuerza reconocida por todos. Los humanos son "criaturas de hábito", y "el hábito es un cable; tejemos un hilo cada día y se vuelve tan fuerte que no podemos romperlo".

Si es cierto que el hábito se convierte en una tiranía, mandando y obligando a los hombres contra su voluntad, deseo e inclinación, y esto es cierto en muchos casos, la pregunta que surge es si esta poderosa fuerza no podría ser aprovechada y controlada al servicio de los hombres, al igual que otras fuerzas de la Naturaleza. Si se pudiera lograr, entonces el hombre podría dominar el hábito y ponerlo en marcha, en lugar de ser esclavo de él y servirlo fielmente quejándose. Los psicólogos modernos nos dicen inequívocamente que el hábito puede dominarse, aprovecharse y ponerse a trabajar, en lugar de permitir que domine las acciones y el carácter de uno. Y miles de personas han aplicado este nuevo conocimiento empleando la fuerza del hábito para ponerse en acción.

Un hábito es un "camino mental" sobre el cual nuestras acciones han viajado por algún tiempo, cada vez que pasan hacen que el camino sea un poco más profundo y un poco más ancho. Si tienes que caminar por el campo o a través de un bosque, sabes que lo más natural es que elijas el camino más despejado antes que los menos transitados, y mucho mejor que tener que abrir un nuevo camino. La línea de acción mental es precisamente la misma. Es el movimiento a lo largo de las líneas de menor resistencia, el paso por el camino trillado. Los hábitos se crean por repetición y se forman de acuerdo con una ley natural, observable en todas las cosas animadas, y algunos dirían que también en las cosas inanimadas. Como ejemplo de esto último, señalar que un trozo de papel, una vez doblado de cierta manera, se doblará del mismo modo la siguiente vez. Los usuarios de máquinas de coser, u otras máquinas delicadas, saben que tal como una máquina o instrumento se "rompe", también tenderá a funcionar después. La misma ley también aplica en el caso de los instrumentos musicales. La ropa o los guantes forman pliegues según la persona que los usa, y estos pliegues, una vez formados, permanecerán siempre ahí, a pesar de las repetidas presiones. Los ríos y corrientes de agua cortan sus cursos a través de la tierra y luego fluyen a lo largo del curso habitual. Esta ley está en vigor en todas partes.

Estas ilustraciones te ayudarán a formarte la idea de la naturaleza del hábito y a formar nuevos caminos mentales, nuevos pliegues mentales. Y —recuérdalo siempre— la mejor (y se podría decir que la única) manera de eliminar los viejos hábitos es formar nuevos hábitos para contrarrestar y reemplazar los indeseables. Forma nuevos caminos mentales sobre los que viajar, así los antiguos pronto se irán borrando y con el tiempo quedarán en desuso. Cada vez que recorres el camino del hábito mental deseado, haces que el camino sea más profundo y más ancho y que sea mucho más fácil recorrerlo a partir de ese momento.

Las siguientes son las reglas de procedimiento a través de las cuales puedes formar los hábitos que desees:

Primero: Al comienzo de la formación de un nuevo hábito, hazlo con fuerza y entusiasmo. Recuerda que estás dando los primeros pasos para hacer el nuevo camino mental y que es mucho más difícil al principio de lo que será después. Haz que el camino sea lo más claro y profundo que puedas al principio, para que puedas verlo fácilmente la próxima vez que quieras seguirlo.

Segundo: Mantén tu atención firme en la construcción del nuevo camino, y mantén tu mente alejada de los viejos caminos, no sea que te inclines hacia ellos. Olvídate de los viejos caminos y preocúpate solo de los nuevos.

Tercero: Recorre tus caminos recién hechos con la mayor frecuencia posible. Crea oportunidades para hacerlo, sin esperar a que surjan por suerte o casualidad. Cuanto más a menudo recorras los nuevos caminos, antes se desgastarán y se transitarán fácilmente. Crea planes para transitar por estos nuevos hábitos desde el principio.

Cuarto: asegúrate de haber trazado el camino correcto como tu objetivo principal definido, y luego sigue adelante sin miedo ni dudas. "Pon tu mano sobre el arado, y no mires atrás". Selecciona tu meta, luego haz caminos mentales buenos, profundos y amplios que conduzcan directamente al objetivo.

LA LEY DEL ÉXITO

Esto nos lleva a un lugar adecuado para describir el método a través del cual aplicar los principios directa e indirectamente relacionados con el tema de la concentración.

Llamemos a este método: ¡LA LLAVE MÁGICA DEL ÉXITO!

Esta Llave Mágica constituye un poder irresistible que todo el que quiera puede usar.

¡Abrirá la puerta a la riqueza! ¡Abrirá la puerta a la fama! Y, en muchos casos, abrirá la puerta a la salud física.

Abrirá la puerta a la educación y te permitirá entrar en el almacén de todo tu talento. Actuará como una llave maestra para cualquier puesto en la vida para el que estés preparado.

Con la ayuda de esta llave mágica, hemos abierto las puertas secretas de todos los grandes inventos del mundo.

A través de sus poderes mágicos, se han desarrollado todos nuestros grandes genios del pasado.

Supón que eres un trabajador, en una posición de baja categoría, y deseas un lugar mejor en la vida. ¡La Llave Mágica te ayudará a conseguirlo! A través de su uso, Carnegie, Rockefeller, Hill, Harriman, Morgan y muchos otros de su clase se han hecho ricos.

Abrirá las puertas de la prisión y convertirá a los humanos abandonados en seres humanos útiles y dignos de confianza. Convertirá el fracaso en éxito y la miseria en felicidad.

Tú preguntas: "¿Cuál es esta llave mágica?"

Y respondo con una palabra: "¡Concentración!" La concentración significa la capacidad, a través del hábito y la práctica, para mantener tu mente en un tema hasta que te hayas familiarizado completamente con ese tema y lo domines. Significa la capacidad de controlar tu atención y enfocarla en un problema dado hasta que lo hayas resuelto.

Significa la capacidad de deshacerte de los efectos de los hábitos que deseas descartar y el poder de construir nuevos hábitos que sean más de tu agrado. Significa completo autodominio.

Expresándolo de otra manera, la concentración es la capacidad de pensar como deseas pensar, la capacidad de controlar tus pensamientos y dirigirlos hacia un fin concreto, y la capacidad de organizar tu conocimiento en un plan de acción que sea sólido y viable.

Fácilmente puedes ver que al concentrar tu mente en tu objetivo principal definido en la vida, debes cubrir muchos temas estrechamente relacionados que se mezclan entre sí y completan el tema principal en el que se está concentrando.

La ambición y el deseo son los principales factores que intervienen en el acto de una concentración exitosa. Sin estos factores, la Llave Mágica es inútil, y la razón principal por la que tan poca gente hace uso de esta llave es que la mayoría carece de ambición y no desea nada en particular.

Desea todo lo que quieras, y si tu deseo está dentro de lo razonable y si es lo suficientemente fuerte, la Llave Mágica de la concentración te ayudará a alcanzarlo.

Nunca nada fue creado por un ser humano que no haya sido creado primero en la imaginación, a través del deseo, y luego transformado en realidad a través de la concentración.

Ahora, pongamos a prueba la Llave Mágica, con la ayuda de una fórmula definida.

¡Primero, debes eliminar el escepticismo y la duda! Ningún incrédulo disfrutó jamás de los beneficios de esta Llave Mágica. Debes creer en el proyecto que estás a punto de emprender.

Supondremos que has pensado en convertirte en un escritor de éxito, en un gran conferenciante, en un exitoso ejecutivo de negocios o en un gran economista. Nosotros tomaremos el caso de hablar en público para esta prueba. Recuerda que debes seguir las instrucciones al pie de la letra.

Toma una hoja de papel, y escribe en ella lo siguiente:

Voy a convertirme en un gran conferenciante porque esto me permitirá prestar al mundo un servicio útil necesario, y porque me dará una recompensa económica que me proporcionará las cosas materiales necesarias para la vida.

Concentraré mi mente en este deseo durante diez minutos diarios, justo antes de acostarme por la noche y justo después de levantarme por la mañana, con el fin de determinar cómo actuaré para transformarlo en realidad.

Sé que puedo convertirme en un gran y atrayente conferenciante; por tanto, no permitiré que nada se interfiera en conseguirlo.

(Firmado) ....

Firma este compromiso, después procede a hacer lo que prometiste que harías. Sigue así hasta que se hayan obtenido los resultados deseados.

Ahora, cuando vayas a concentrarte, esta es la forma de hacerlo: mira hacia el futuro uno, tres, cinco o incluso diez años, y considérate como el más importante conferenciante de tu época. Mira, en tu imaginación, unos ingresos adecuados. Mírate a ti mismo en tu propia casa que has comprado con las ganancias de tus esfuerzos como orador o conferenciante. Mírate en posesión de una buena cuenta bancaria como reserva para la jubilación. Mírate a ti mismo como una persona influyente, gracias a tu gran capacidad como conferenciante. Mírate a ti mismo comprometido en una vocación de vida en la que no temerás la pérdida de tu posición.

Dibuja esta imagen con claridad, mediante el poder de tu imaginación, y ¡he aquí! pronto se transformará en una hermosa imagen de un deseo profundamente arraigado. Utiliza este deseo como el objeto principal de tu concentración y observa lo que sucede.

¡Ya tienes el secreto de la Llave Mágica!

No subestimes el poder de la Llave Mágica porque no se te presentó revestida de misticismo o porque está descrita en un lenguaje que todos pueden entender. Todas las grandes verdades son simples en el análisis final y fáciles de entender; si no lo son, no son grandes verdades.

Usa esta Llave Mágica con inteligencia y solo para lograr fines dignos, y te traerá felicidad y éxito duraderos. Olvida los errores que has cometido y los fracasos cosechados. Deja de vivir en el pasado, porque ¿no sabes que el ayer nunca vuelve? Comienza de nuevo, si tus esfuerzos anteriores no dieron buen resultado, y haz que los próximos cinco o diez años cuenten una historia de éxito que satisfaga tus más altas ambiciones.

¡Puedes hacerlo si CREES que puedes! Así termina la Llave Mágica.

El Dr. Elmer Gates, de Washington, DC, es quizás uno de los psicólogos más competentes del mundo. Es reconocido tanto en el campo de la psicología como en otros campos de la ciencia en todo el mundo, como un hombre del más alto nivel científico.

¡Acompáñame por un momento y estudia cómo tu intensa concentración domina tus métodos!

Después de que el Dr. Gates siguiera una línea de investigación científica por los métodos habituales y se hubiera servido de toda esa información sobre un tema determinado, después cogió un lápiz y una tableta y se sentó para obtener más información, concentrando su mente en ese tema hasta que otros pensamientos relacionados con ello comenzaran a FLUIR HACIA ÉL. Y escribía esos pensamientos, tal como le venían (de no sabía dónde). Claramente le llegan por el poder de concentración.

Si has seguido el historial de Henry Ford, aunque sea ligeramente, sin duda habrás observado que el esfuerzo concentrado ha sido una de las características sobresalientes de su carrera. Hace casi treinta años, adoptó una política de estandarización en cuanto al tipo de automóvil que construiría, y mantuvo esa política de manera consistente hasta que el cambio en la demanda pública lo obligó, en 1927, a cambiarla.

Hace algunos años, conocí al ex ingeniero jefe de la planta de Ford, y me contó un incidente que ocurrió durante las primeras etapas de la experiencia automovilística del Sr. Ford, que muy claramente apunta al esfuerzo de concentración como uno de los objetivos fundamentales de su filosofía económica.

En esta ocasión, los ingenieros de la planta de Ford se habían reunido en la oficina de ingeniería con el propósito de discutir un cambio propuesto en el diseño de la construcción del eje trasero del automóvil Ford. El Sr. Ford escuchó atentamente la discusión hasta que cada uno dio su opinión; luego se acercó a la mesa, señaló con el dedo el dibujo del eje propuesto y dijo:

"¡Escuchadme! El eje que estamos usando hace bien el trabajo para el que fue diseñado, ¡y no habrá más cambios en ese eje!"

Dio media vuelta y se fue, y desde ese día hasta hoy, la construcción del eje trasero del automóvil Ford ha permanecido sustancialmente igual. No es improbable que el éxito del Sr. Ford en la construcción y comercialización de automóviles se haya debido, en gran medida, a su política de concentrar consistentemente sus esfuerzos en un solo plan, con solo un propósito definido a la vez.

Hemos visto qué papel tan importante juegan el ambiente y el hábito en relación con el tema de la concentración. Ahora discutiremos, brevemente, un tercer tema no menos relacionado con la concentración que los otros dos: a saber, la memoria.

Los principios a través de los cuales se puede entrenar una memoria precisa e inquebrantable son pocos y comparativamente simples, a saber:

1. Retención: La recepción de una impresión sensorial a través de uno o más de los cinco sentidos, y el registro de esta impresión, de forma ordenada, en la mente. Este proceso puede compararse con la grabación de una imagen en la placa sensibilizada de una cámara.

2. Recordar: Revivir o recordar en la mente consciente aquellas sensaciones que han sido registradas en la mente subconsciente. Este proceso puede compararse con el acto de revisar un fichero y sacar una tarjeta en la que se había introducido información.

3. Reconocimiento: la capacidad de reconocer una sensación cuando se llama a la mente consciente e identificarla como una copia de la impresión original, y asociarla con la fuente de la que surgió esa sensación por primera vez. Este proceso nos permite distinguir entre "memoria" e "imaginación".

LA LEY DEL ÉXITO

Estos son los tres principios que intervienen en el acto de recordar. Ahora apliquemos estos principios y determinemos cómo utilizarlos eficazmente, de la siguiente manera:

Primero: cuando quieras estar seguro de tu capacidad para recordar una impresión sensorial, como un nombre, una fecha o un lugar, asegúrate de vivir esa sensación concentrando tu atención en ella hasta el más mínimo detalle. Una forma de hacerlo es repetir, varias veces, lo que deseas recordar. Así como un fotógrafo debe indicar un tiempo concreto de "exposición" para tomar una foto, también debemos darle tiempo a la mente subconsciente para registrar correctamente y con claridad cualquier impresión sensorial que deseemos poder recordar.

Segundo: Asocia lo que deseas recordar con algún otro objeto, nombre, lugar o fecha con el que estés muy familiarizado y que puedas recordar fácilmente cuando lo desees, por ejemplo, el nombre de tu ciudad natal, un amigo íntimo, la fecha de tu nacimiento, etc., porque tu mente entonces archivará la impresión sensorial que quieres recordar con la que puedes recordar con más facilidad, de modo que cuando traigas una a la mente consciente, recordarás también la otra.

Tercero: Repite lo que deseas recordar un número de veces, concentrando tu mente en ello, tal como fijarías tu mente en cierta hora a la que deseas levantarte por la mañana, la cual, como ya sabes, asegura tu despertar a esa hora precisa.

La ley de asociación es la característica más importante de una memoria bien entrenada, pero es una ley muy simple. Todo lo que tienes que hacer para utilizarla es registrar lo que deseas recordar con un nombre que puedas recordar fácilmente, y el recuerdo de uno trae consigo el otro.

La habilidad para entrenar tu memoria, o desarrollar cualquier hábito, consiste únicamente en ser capaz de fijar tu atención en un tema determinado hasta que el esquema de ese tema se haya impreso completamente en la "placa sensible" de tu mente.

¡La concentración en sí misma no es más que una cuestión de control de la atención!

Aprende a fijar tu atención en un tema determinado, durante el tiempo que quieras, ¡y habrás aprendido el camino secreto hacia el poder y la abundancia!

¡Esto es la concentración!

LA LEY DEL ÉXITO

Lección Trece
Cooperación

"¡Puedes hacerlo si crees que puedes!"

La COOPERACIÓN es el principio de todo esfuerzo organizado.

Andrew Carnegie acumuló una fortuna gigantesca mediante la colaboración de un pequeño grupo de no más de veinte personas.

Tú también puedes aprender a utilizar este principio.

Este libro trata alguna fase de la cooperación en prácticamente todos los capítulos. Eso era inevitable porque el objetivo del libro es ayudar al lector a desarrollar poder, y el poder se desarrolla sólo a través del esfuerzo organizado.

Vivimos en una era de esfuerzo cooperativo. Casi todos los negocios exitosos se llevan a cabo bajo alguna forma de cooperación. Lo mismo ocurre en el campo de la industria y las finanzas, así como en toda actividad profesional.

Los médicos y abogados tienen sus asociaciones para ayudarse y protegerse en forma de Colegios de Abogados y Colegios Médicos.

Los banqueros tienen asociaciones tanto locales como nacionales para apoyarse y avanzar conjuntamente.

Las imprentas tienen sus asociaciones; los fontaneros tienen la suya, al igual que los explotadores de minas. La cooperación es el objeto de todas estas asociaciones. Los trabajadores tienen sus sindicatos, y los empresarios tienen sus alianzas.

Las naciones tienen acuerdos de cooperación, aunque todavía no parecen haber descubierto el significado completo de "cooperar". El intento del difunto presidente Wilson de perfeccionar la Liga de Naciones, seguido por los esfuerzos del desaparecido presidente Harding de perfeccionar la misma idea bajo el nombre de Corte Mundial, indica la tendencia que siempre ha habido de cooperar.

Poco a poco es obvio que quienes aplican más eficientemente el principio del esfuerzo cooperativo sobreviven más tiempo, y este principio se aplica desde la forma más baja de vida animal hasta la forma más alta de esfuerzo humano.

El Sr. Carnegie, el Sr. Rockefeller y el Sr. Ford enseñaron a los empresarios el valor del esfuerzo cooperativo, mostrando cómo han acumulado sus fortunas.

La cooperación es la base de todo líder de éxito. El activo más tangible de Henry Ford es la red de ventas bien organizada que estableció. Esta organización no sólo le proporcionó una salida para todos los automóviles que fabricaba, sino que, lo que es más importante, le proporcionó el poder financiero suficiente para hacer frente a cualquier emergencia que pudiera surgir.

Como resultado de entender el valor del principio de colaboración, Ford se libró de depender de las instituciones financieras y, al mismo tiempo, se dotó de más poder comercial del que pudiera necesitar.

El Sistema del Banco de la Reserva Federal es otro ejemplo de esfuerzo cooperativo que protege a los Estados Unidos contra una gran crisis económica.

Las cadenas de tiendas constituyen otra forma de cooperación comercial que ofrece ventajas tanto a los clientes como a las distribuidoras.

La tienda por departamentos moderna, que es el equivalente de un grupo de tiendas pequeñas que operan bajo un mismo techo, una administración y unos gastos generales comunes, es otra muestra de la ventaja del esfuerzo cooperativo en el campo comercial.

Poder, es esfuerzo organizado. Los tres factores más importantes que intervienen en el proceso de organización del esfuerzo son:

Concentración, Cooperación y Coordinación.

Cómo se desarrolla el poder a través de la cooperación

El poder personal se desarrolla, organizando y coordinando las facultades de la mente. Esto puede lograrse dominando y aplicando los principios sobre los que se basa este libro.

Es evidente que todos quienes han amasado grandes fortunas han sido grandes "organizadores". Con esto quiero decir que tenían la habilidad de reunir el talento y habilidad que ellos no tenían, de otras personas.

Toma como ejemplo cualquier negocio o profesión, y analizándolo observarás, que está limitado sólo por la falta de aplicación de un esfuerzo organizado y cooperativo. Como ejemplo, consideremos la profesión de la abogacía.

Si un bufete de abogados tiene una única manera de pensar, verá mermadas sus capacidades, aunque esté formado por una docena de personas muy capacitadas.

El complejo ordenamiento jurídico precisa muchos conocimientos que una sola persona no podría proporcionar. Sólo el esfuerzo organizado no es suficiente para asegurar un éxito sobresaliente; la organización debe estar formada de personas, que aporten los conocimientos que no disponen los demás miembros.

Un bufete de abogados bien organizado debe incluir competencias especializadas en la preparación de casos, personas con la visión e imaginación que sepan cómo armonizar la ley y las pruebas de un caso de manera convincente. Quienes tienen esas cualidades no siempre poseen la capacidad de llevar un caso ante un tribunal; por tanto, tienen que haber personas competentes en los procedimientos judiciales. Llevando el análisis un paso más allá, observarás que se necesita de muchas capacidades distintas para llevar a cabo un caso judicial. Un abogado que se haya preparado como especialista en derecho de sociedades puede no estar preparado para llevar un caso penal.

En casi todas las empresas comerciales, se necesitan al menos tres clases de competencias: a saber, compradores, vendedores y aquellos que están familiarizados con las finanzas. Fácilmente observarás que cuando estas tres clases de personas organizan y coordinan sus esfuerzos, se valen, mediante esta forma de cooperación, de un poder que ninguna persona del grupo de forma individual posee.

Muchos negocios fracasan porque todos sus miembros son vendedores, financieros o compradores. Por naturaleza, los vendedores más capaces son optimistas, entusiastas y emotivos; mientras que los financieros cualificados, por regla general, son poco emocionales, previsibles y conservadores. Ambos tipos de personas son esenciales para el éxito de una empresa comercial, pero una sin la fuerza correctora de la otra sería una carga demasiado grande para cualquier negocio.

LA LEY DEL ÉXITO

Se reconoce que James J. Hill fue el constructor de ferrocarriles más eficiente que jamás haya tenido Estados Unidos, pero también es sabido que no fue ingeniero civil, ni constructor de puentes, ni ingeniero de locomotoras, ni ingeniero mecánico, ni químico, aunque todos estos conocimientos especializados son esenciales en la construcción de ferrocarriles. El Sr. Hill entendió los principios del esfuerzo organizado y la cooperación; por lo tanto, se rodeó de hombres que poseían todas estas habilidades que él carecía.

Cualquier gran universidad ofrece otro excelente ejemplo de la necesidad de un esfuerzo organizado y cooperativo. El profesorado está formado por hombres y mujeres de habilidades altamente especializadas, aunque muy diferentes. Un departamento está presidido por expertos en literatura; otro departamento por expertos matemáticos; otro departamento por expertos en química; otro por expertos en filosofía económica; otro por expertos en medicina; otro, por expertos en derecho, etc. La universidad, en su conjunto, es el equivalente de un grupo de colegios, cada uno de los cuales está dirigido por expertos en su propia línea, cuya eficiencia aumenta considerablemente mediante el esfuerzo aliado o cooperativo que está dirigido por una sola cabeza.

Analiza el poder, sin importar dónde o en qué forma se encuentre, y encontrarás que la organización y la cooperación son los principales factores detrás de él.

El éxito en la vida no se puede lograr sino a través de un esfuerzo pacífico, armonioso y cooperativo. Tampoco se puede lograr el éxito por sí solo o de forma independiente. Aunque un hombre viva como un ermitaño en el desierto, lejos de toda señal de civilización, depende, sin embargo, de fuerzas externas a él para vivir. Cuanto más se integra en la civilización, más dependiente se vuelve del esfuerzo cooperativo.

Tanto si un hombre se gana la vida con su trabajo diario como si lo hace por los intereses de la fortuna que ha amasado, se lo ganará con menos resistencia si lo hace con la cooperación amistosa de los demás. Además, aquellos cuya filosofía se basa en la cooperación y no en la competencia no sólo obtendrán las comodidades y los lujos de la vida con menos esfuerzo, sino que disfrutarán de mayor felicidad que los demás.

Las fortunas adquiridas a través del esfuerzo cooperativo no dejan cicatrices en el corazón de quienes las poseen, lo que es bien distinto de quienes las adquieren mediante conflicto y métodos competitivos que bordean la extorsión.

La acumulación de riquezas materiales, tanto si son para la mera supervivencia o una vida llena de lujos, consume la mayor parte del tiempo que dedicamos a esta lucha terrenal. Si no podemos cambiar esta tendencia materialista de la naturaleza humana, al menos podemos cambiar la forma de perseguirla adoptando la cooperación como base de esa búsqueda.

Una persona que puede inducir a otras a cooperar y hacer un trabajo en equipo eficaz, o inspirar para que se vuelvan más activas, no es menos trabajador que aquel que presta un servicio efectivo de una manera más directa.

En el terreno de la industria y los negocios, hay hombres que tienen la habilidad de inspirar y dirigir los esfuerzos de otros de tal manera que todos bajo su dirección logran más de lo que podrían sin esta influencia directriz. Es bien sabido que Andrew Carnegie dirigió tan eficazmente los esfuerzos de sus empleados que hizo ricos a muchos hombres que nunca lo habrían sido sin su talento directivo. Lo mismo puede decirse de prácticamente todos los grandes líderes del campo de la industria y los negocios: los beneficios no son sólo para los líderes. Quienes están bajo su dirección son los que más se benefician por su liderazgo.

Fue el entendimiento de este principio de esfuerzo cooperativo lo que permitió a Andrew Carnegie rodearse de un grupo de hombres formado por los que podían planificar y los que podían ejecutar. Carnegie tenía en su grupo de asistentes a algunos de los vendedores más eficientes del mundo, pero si todo su personal hubiera estado compuesto por personas que no podían hacer nada más que vender, nunca podría haber acumulado la fortuna que hizo. Si todo su personal hubiera estado integrado únicamente por vendedores, habría trabajado mucho, pero este trabajo debe ser dirigido con inteligencia.

Cualquier forma de esfuerzo grupal, donde dos o más personas forman una alianza cooperativa con un propósito definido, es más poderosa que el esfuerzo individual.

Un equipo de fútbol puede ganar de forma convincente y regularmente, gracias a un trabajo en equipo bien coordinado, aunque los miembros del equipo no sean amigos y no congenien en muchos aspectos ajenos a su trabajo real en el terreno de juego.

Un grupo de personas que componen una junta directiva puede estar en desacuerdo entre sí; pueden estar enemistados y aún así llevar a cabo un negocio que pueda tener mucho éxito.

Pero estas alianzas serían más poderosas y efectivas si se basaran en una perfecta armonía, lo que propiciaría el desarrollo de un poder añadido conocido como Mente Maestra.

El simple esfuerzo cooperativo produce poder; no hay duda sobre esto, pero el esfuerzo cooperativo que se basa en una completa armonía de propósitos desarrolla superpoderes.

Deja que cada miembro de cualquier grupo cooperativo ponga su corazón en el logro del mismo fin definido, en un espíritu de perfecta armonía, y el camino se habrá allanado para el desarrollo de una Mente Maestra, siempre que todos los miembros del grupo subordinen voluntariamente sus propios intereses personales para la consecución del objetivo al que apunta el grupo.

El grado de poder creado por el esfuerzo cooperativo de cualquier grupo de personas se mide, siempre, por la naturaleza del motivo que el grupo está trabajando para alcanzar. Esto puede ser tenido en cuenta provechosamente por todos los que organizan un esfuerzo de grupo para cualquier propósito. Encuentra un motivo en torno al cual los hombres puedan ser inducidos a unirse en un espíritu entusiasta y altamente emotivo de perfecta armonía, y habrás encontrado el punto de partida para la creación de una Mente Maestra.

Es evidente que todos trabajarán más duro por alcanzar un ideal que sólo por dinero. En la búsqueda de la motivación que constituya la base para desarrollar un esfuerzo cooperativo del grupo, será bueno tener presente este hecho.

Existen tres grandes fuerzas motivadoras a las que el hombre responde en prácticamente todos sus esfuerzos. Estas son:

1. La supervivencia
2. El contacto sexual
3. El poder financiero y social.

LA LEY DEL ÉXITO

El grado en que las personas pueden ser inducidas a cooperar en armonía depende de la fuerza motivadora que las impulsa a la acción. La armonía perfecta, indispensable para crear una Mente Maestra, sólo puede obtenerse cuando la fuerza motivadora de un grupo es suficiente para hacer que cada miembro del grupo olvide por completo sus propios intereses personales y trabaje por el bien del grupo, o para alcanzar algún objetivo ideológico, caritativo o humanitario.

Los hombres no apoyarán a un líder con espíritu de armonía a menos que el motivo que los impulsa a hacerlo sea uno que los induzca a dejar de lado todos los pensamientos sobre sí mismos.

Hacemos bien lo que nos gusta hacer, y afortunado es el líder que tiene en cuenta este hecho y elabora sus planes de modo que todos armonicen con esta ley.

Ya estás listo para pasar al Capítulo Catorce, que te enseñará cómo sacar beneficios de todos los errores, equivocaciones y fracasos que hayas experimentado.

Tras leer el próximo capítulo, comprobarás que este es el capítulo favorito del autor del libro.

LA LEY DEL ÉXITO

Lección Catorce

Fracaso

"¡Puedes hacerlo si crees que puedes!"

Habitualmente, el término "fracaso" es un término negativo. En este capítulo, se le dará un nuevo significado, porque esta palabra ha sido muy mal utilizada, y por esa razón, ha traído tristeza y sufrimiento innecesario a millones de personas.

De entrada, distingamos entre "fracaso" y "derrota temporal". Veamos si eso que tantas veces es visto como "fracaso" no es, en realidad, sino una "derrota temporal". Además, veamos si esta derrota temporal no suele ser una bendición disfrazada, por el hecho de que nos levanta de un tirón y redirige nuestras energías por caminos distintos y más deseables. El talante es el resultado de reveses, contratiempos y derrotas temporales, que los ignorantes llaman "fracaso".

Ni la derrota temporal ni la adversidad equivalen a fracaso en la mente de la persona que la ve como un maestro que le enseñará alguna lección. De hecho, hay una gran y larga lección en cada revés y en cada derrota; por lo general, es una lección que no se puede aprender de otra manera que no sea por una derrota.

Tal vez pueda ayudarte a entender el significado de la derrota repasando algunas de mis propias experiencias que cubren un período de aproximadamente treinta años. En este período, he llegado al punto de inflexión, que los desinformados llaman "fracaso", siete veces diferentes. En cada uno de estos siete puntos de inflexión, pensé que había cometido un fracaso estrepitoso, pero ahora sé que lo que parecía ser un fracaso no era más que una mano bondadosa e invisible que me detuvo en el camino y con gran acierto, me obligó a reorientar mis esfuerzos por caminos mejores.

Llegué a esta decisión, sólo después de haber tomado una visión retrospectiva de mis experiencias y haberlas analizado a la luz de muchos años de reflexión serena y meditada.

Primer punto de inflexión

Después de terminar un curso en una escuela de negocios, obtuve un puesto como taquígrafo y contable, que ocupé durante los siguientes cinco años. Como consecuencia de haber practicado el hábito de hacer más y mejor el trabajo por el que me pagaba, avancé rápidamente hasta asumir responsabilidades y recibir un salario muy desproporcionado para mi edad. Ahorré dinero y mi cuenta bancaria ascendió a varios miles de dólares. Mi reputación creció rápidamente y llegaron buenas propuestas por mis servicios por parte de la competencia.

Para contrarrestar estas ofertas de los competidores, mi empleador me ascendió al puesto de Director General de las minas donde trabajaba. Estaba subiendo como la espuma, ¡y lo sabía!

Pero esa era la parte triste de mi destino, ¡lo sabía! Entonces la mano bondadosa del destino se extendió y me dio un pequeño empujón. Mi empleador perdió su fortuna y yo perdí mi puesto. Este fue mi primer fracaso y, aunque se debió a causas ajenas a mi control, debería haber aprendido una lección de ella, que, por supuesto, aprendí, pero no hasta muchos años después.

Segundo punto de inflexión

Mi siguiente puesto fue el de Gerente de Ventas para una gran empresa de fabricación de madera en el Sur. No sabía nada sobre madera y muy poco sobre gestión de ventas, pero había aprendido que era beneficioso prestar más servicio del que me pagaban; también había aprendido que valía la pena tomar la iniciativa y averiguar qué se debía hacer sin que nadie me dijera que lo hiciera. Los números de mi cuenta bancaria se incrementaron en gran medida, además mejoré considerablemente de puesto, y eso me dio una gran confianza en mi mismo.

Mi ascenso fue rápido, habiéndose duplicado mi salario durante el primer año. Me fue tan bien en la gestión de ventas que mi empleador me convirtió en su socio. ¡Comenzamos a ganar dinero y comencé a verme de nuevo en la cima del mundo!

Pararse "en la cima del mundo" le da a uno una sensación maravillosa, pero es un lugar muy peligroso para pararse a menos que uno se mantenga muy firme, porque la caída es muy larga y dura, si se tropieza.

¡Lo estaba logrando a pasos agigantados!

Hasta ese momento, nunca se me había ocurrido que el éxito pudiera medirse en términos distintos al dinero y la autoridad. Quizás esto se debió al hecho de que tenía más dinero del que necesitaba y más autoridad de la habitual a esa edad.

No solo estaba "teniendo éxito", desde mi punto de vista, sino que creía que me dedicaba al único negocio acorde a mi personalidad. Nada podría haberme inducido a cambiar a otra actividad. Es decir, nada excepto lo que sucedió, lo que me obligó a cambiar.

La mano invisible del Destino me hizo ser presumido y vanidoso al comenzar a sentirme importante. Ahora me pregunto si esa Mano Invisible no podría hacernos desfilar ante el espejo para ver la vulgaridad de nuestro comportamiento y nos pudiéramos avergonzar de nosotros mismos. En cualquier caso, parecía tener un camino despejado por delante de mí; había mucho carbón en el búnker; había agua en el tanque; mi mano estaba en el acelerador, lo abrí de par en par y aceleré a un ritmo rápido.

¡Pobre de mí! El destino me esperaba a la vuelta de la esquina, con un gran garrote relleno no precisamente de algodón. Por supuesto, no vi el impacto que se iba a producir hasta que llegó. La mía fue una historia triste, pero no muy diferente a la que muchos otros podrían contar si fueran francos consigo mismos.

Como un relámpago en un cielo despejado, el pánico financiero de 1907 se abatió sobre la economía y sobre mí; de la noche a la mañana, destruyó mi negocio y me dejó sin un solo dólar.

¡Esta fue mi primera derrota seria! Lo confundí, entonces, con un fracaso, pero no lo fue, y antes de terminar este capítulo, os diré por qué no lo fue.

Tercer punto de inflexión

Fue necesario el pánico financiero de 1907 y la derrota que me trajo para desviar y redirigir mis esfuerzos del negocio de la madera al estudio de derecho. Nada en la tierra, excepto una derrota, podría haberme llevado a ello; por lo tanto, el tercer punto de inflexión de mi vida se inició en las alas de lo que la mayoría de la gente llamaría "fracaso", lo que me recuerda que debo afirmar nuevamente que cada derrota enseña una lección necesaria para aquellos que están listos y dispuestos a aprender.

Cuando ingresé en la facultad de derecho, lo hice con la firme convicción de que saldría doblemente preparado para alcanzar el final del arco iris y reclamar el tesoro, porque todavía no tenía otra concepción del éxito que la del dinero y el poder.

Asistía a la facultad de derecho por la noche y trabajaba como vendedor de automóviles durante el día. Mi experiencia en ventas en el negocio de la madera se convirtió en una buena ventaja. Prosperé rápidamente, haciéndolo tan bien (todavía con el hábito de realizar más y mejor servicio del que me pagaban) que se presentó la oportunidad de ingresar en la parte del negocio de fabricación de automóviles. Vi la necesidad de mecánicos de automóviles bien formados. Por lo tanto, abrí un departamento de formación en la planta de fabricación y comencé a formar a maquinistas normales en trabajos de montaje y reparación de automóviles. La escuela prosperó, pagándome más de mil dólares al mes en ganancias netas.

Una vez más, estaba empezando a acercarme al final del arco iris. Una vez más, supe que por fin había encontrado mi puesto de trabajo en el mundo, que nada podría desviarme de mi rumbo o desviar mi atención del negocio del automóvil.

Mi banquero sabía que yo estaba prosperando. Por lo tanto, me prestó dinero para expandirme. Una característica peculiar de los banqueros, algo habitual, es que nos prestarán dinero sin ninguna pega cuando las cosas nos vayan bien.

Mi banquero me prestó dinero hasta que estuve irremediablemente endeudado con él; luego se hizo cargo de mi negocio tan tranquilamente como si siempre hubiera sido suyo, ¡así pasó!

De repente pasé de ser un hombre de negocios con unos ingresos de más de mil dólares, a la miseria.

Ahora, veinte años después, agradezco la mano del Destino por este cambio forzado, pero en ese momento, consideré el cambio sólo como un fracaso.

El final del arco iris había desaparecido y con él, el tesoro que se supone que se encuentra al final. Pasaron muchos años después de que supe la verdad de que esta derrota temporal fue probablemente la mayor bendición que jamás haya tenido, porque me obligó a salir de un negocio que de ninguna manera me ayudó a desarrollar el conocimiento de mí mismo o de los demás, y dirigió mis esfuerzos a un camino que me trajo una rica experiencia que ya necesitaba.

Por primera vez en la vida, comencé a preguntarme si no sería posible encontrar algo de valor además del dinero y el poder al final del arco iris. Esta actitud de cuestionamiento temporal no era una forma de rebeldía, aunque no insistí en obtener la respuesta. Simplemente vino como un pensamiento fugaz, como tantos otros pensamientos a los que no prestamos atención, y desapareció de mi mente. Si hubiera sabido tanto como ahora sobre la Ley de Compensación, y si hubiera podido interpretar las experiencias como las puedo interpretar ahora, habría reconocido ese evento como un suave empujón de la mano del Destino.

Después de luchar como nunca en mi vida, hasta ese momento, acepté mi derrota temporal como un fracaso y así marcó el comienzo de mi siguiente y cuarto punto de inflexión, que me dio la oportunidad de poner en práctica el conocimiento del derecho que había adquirido.

Cuarto punto de inflexión

Gracias a la influencia de la familia de mi esposa, me nombraron asistente del abogado principal de una de las compañías de carbón más grandes del mundo. Mi salario era muy desproporcionado con respecto al que se suele pagar a los principiantes, y aún más respecto a lo que yo valía, pero las cosas eran así, y allí estaba yo. Sucedió que mis carencias en habilidades legales lo compensaba con creces mediante la aplicación del principio de hacer más servicio del que se me pagaba, y tomaba la iniciativa y hacía lo que debía sin que me lo pidieran.

Hacía mi trabajo sin dificultad. Si hubiera querido, hubiera mantenido esa comodidad durante toda mi vida.

¡Sin consultar con mis amigos y sin previo aviso, renuncié!

Este fue el primer punto de inflexión que surgió por propia iniciativa. No me fue forzado. Vi venir el destino y tomé la decisión de cambiar de rumbo. Cuando me preguntaron el motivo de mi renuncia, dije lo que consideré mejor, pero me costó convencer a mi círculo familiar de que había actuado acertadamente.

Renuncié a ese puesto porque el trabajo era demasiado fácil y lo estaba realizando con muy poco esfuerzo. Me vi cayendo a la deriva por inercia. Sentí que me estaba acostumbrando a tomar la vida con calma y supe que el siguiente paso sería el retroceder. Sentía que no tenía ningún impulso que me hiciera prosperar. Estaba entre amigos y parientes, y tenía una posición que podía conservar todo el tiempo que quisiera, sin esforzarme. Recibía unos ingresos que satisfacían todas mis necesidades y algunos de los lujos de la vida, incluido un automóvil y la suficiente gasolina para poder circular.

¿Qué más necesitaba?

"Nada", comenzaba a decirme.

Esta era la actitud hacia la que me encaminaba. Fue una actitud que, por alguna razón que todavía desconozco, me sobresaltó tanto que dimití, lo que muchos consideraron algo irracional. Por muy ignorante que haya sido en otros asuntos en ese momento, me he sentido agradecido desde entonces por haber tenido suficiente sentido común para darme cuenta de que la fuerza y el crecimiento vienen solo a través del esfuerzo y la lucha continuos, que lo contrario trae atrofia y decadencia.

Este movimiento resultó ser el siguiente punto de inflexión más importante de mi vida, aunque fue seguido por diez años de esfuerzo que trajeron casi todos los dolores imaginables que el corazón humano puede sufrir. Dejé mi trabajo en el área de la abogacía, donde me iba bien, viviendo entre amigos y parientes, donde tenía lo que ellos creían que era un futuro inusualmente brillante y prometedor. Debo admitir que sigo preguntándome por qué y cómo reuní el valor para dar ese paso. A mi criterio, llegué a la decisión de dimitir más bien por una "corazonada" o una especia de "impulso" que por un razonamiento lógico.

Elegí Chicago como mi nuevo destino. Lo hice porque creía que Chicago era un lugar donde uno podía descubrir si tenía las cualidades tan esenciales para sobrevivir en un mundo de fuerte competencia. Decidí que si podía ser reconocido en cualquier tipo de trabajo honorable en Chicago, demostraría que tenía la esencia que podría convertirse en una habilidad real. Fue un proceso de razonamiento extraño; al menos fue un proceso inusual para mí en ese momento, lo que me confirma que los seres humanos a menudo nos atribuimos el mérito de una inteligencia a la que no tenemos derecho. Me temo que con demasiada frecuencia asumimos el mérito de la sabiduría y de los resultados que se derivan de causas sobre las que no tenemos absolutamente ningún control.

No pretendo dar la impresión de que todos nuestros actos están dirigidos por el instinto. Te invito a que estudies e interpretes correctamente las causas que marcan los puntos de inflexión más vitales de tu vida. Los puntos en los que se desvían del camino trazado, y van tomando uno nuevo. Abstente de aceptar cualquier derrota como un fracaso hasta que hayas tenido tiempo de analizar el resultado final.

Mi primer puesto en Chicago fue el de gerente de publicidad de una gran escuela por correspondencia. Sabía muy poco sobre publicidad, pero mi experiencia previa como vendedor, más la ventaja de prestar más servicios que los que me pagaban, me permitieron conseguir un resultado poco habitual.

El primer año gané $5,200.

Estaba "reapareciendo" a pasos agigantados. Poco a poco, el final del arco iris empezó a dar vueltas a mi alrededor, y vi una vez más, el brillante tesoro casi a mi alcance. La historia está llena de evidencias de que las fiestas suelen preceder a las hambrunas. Estaba disfrutando tanto de la fiesta, que no anticipé el hambre que iba a venir. Me felicitaba por lo bien que me iba todo.

El conformismo es un estado mental peligroso.

Es bien cierto que muchas personas no aprenden hasta bien pasado el tiempo. Algunos nunca lo aprenden, y los que lo hacen son los que finalmente comienzan a comprender las lecciones de la derrota.

Estoy convencido de que no hay mayor enemigo a combatir que el conformismo. Personalmente, le temo más que a la derrota.

Esto me lleva a mi quinto punto de inflexión, que también fue de mi propia elección.

Quinto punto de inflexión

Tenía tan buenos antecedentes como director de publicidad de la escuela por correspondencia que su presidente me animó a renunciar a mi puesto y entrar con él en el negocio de la fabricación de dulces. Organizamos Betsy Ross Candy Company, y me convertí en su primer presidente, comenzando así el siguiente punto de inflexión más importante de mi vida.

El negocio creció rápidamente hasta que tuvimos una cadena de tiendas en dieciocho ciudades. Una vez más, vi el final de mi arco iris casi a mi alcance. Sabía que por fin había encontrado el negocio en el que quería permanecer de por vida. El negocio de las golosinas era rentable y, dado que consideraba que el dinero era la única prueba del éxito, naturalmente creía que estaba a punto de alcanzar el éxito.

Todo transcurrió sin problemas hasta que mi socio comercial y un tercer hombre, a quien habíamos incorporado al negocio, tuvieron la idea de hacerse con el control de mi participación en el negocio sin pagar por ello.

Su plan tuvo éxito, en cierto modo, pero resistí con más fuerza de lo que pensaban; por tanto, para "persuadirme", me acusaron por un cargo falso y luego me ofrecieron retirar el cargo con la condición de que les entregara mi participación en el negocio.

Había comenzado a aprender, por primera vez, que había mucha crueldad, injusticia y deshonestidad en el alma de algunas personas.

Cuando llegó el momento de la audiencia preliminar, los testigos denunciantes no aparecían por ninguna parte. Pero hice que los trajeran y los obligué a subir al estrado de los testigos y contar sus historias, lo que provocó mi reclamación y una demanda por daños contra los autores de esa injusticia.

Este incidente provocó una brecha irreparable entre mis socios comerciales y yo, que finalmente me costó mi interés en el negocio, pero eso fue poco en comparación con lo que les costó a mis socios, porque todavía están pagando, y sin duda continuarán pagando mientras vivan.

Mi demanda por daños y perjuicios se interpuso en virtud de lo que se conoce como un "ataque a mi honor", por lo que les reclamé por daños y perjuicios por daño doloso a la personalidad. En Illinois, donde se interpuso la demanda, la sentencia otorga a la persona difamada a favor de la cual se dicta la sentencia el derecho a que la persona condenada sea encarcelada hasta que se haya pagado el total de la sentencia.

A su debido tiempo, conseguí una dura sentencia contra mis antiguos socios comerciales. Podría haberlos puesto a ambos entre rejas.

Por primera vez en mi vida, me encontré cara a cara con la oportunidad de devolver el golpe a mis enemigos de la manera que más les doliera. Tenía un arma con "dientes afilados", colocada allí frente a ellos.

¡El sentimiento que me invadió fue extraño!

LA LEY DEL ÉXITO

¿Haría encarcelar a mis enemigos, o aprovecharía esta oportunidad para mostrarles compasión, demostrando así que estoy hecho de otra pasta?

Allí en ese momento se instaló en mi corazón el fundamento sobre el cual se basa el capítulo dieciséis de este curso, porque decidí permitir que mis enemigos quedaran libres, tan libres como pudieran sentirse al haberles concedido misericordia y perdón.

Pero mucho antes de tomar mi decisión, la mano del Destino había comenzado a tratar duramente a estos descarriados compañeros que habían tratado, en vano, de destruirme. El tiempo, el gran maestro que no se detiene, al que todos debemos someternos tarde o temprano, ya había estado trabajando con mis antiguos socios comerciales, y los había tratado con menos misericordia que yo. Uno de ellos fue posteriormente condenado a una larga pena de cárcel por otro delito que había cometido contra otra persona, y el otro, había caído en la indigencia.

Podemos eludir las leyes que establece la legislación, pero la Ley de Compensación, ¡nunca!

La sentencia dictada contra estos hombres se encuentra en los registros del Tribunal Superior de Chicago, como prueba silenciosa de reivindicación de mi personalidad. Pero me sirve de una manera más importante que eso: me sirve como un recordatorio de que podía perdonar a los enemigos que habían tratado de destruirme, y por esta razón, en lugar de destruir mi personalidad, sospecho que el incidente sirvió para fortalecerla.

Ser arrestado parecía, en ese momento, una terrible desgracia, a pesar de que el cargo era falso. No me gustó la experiencia, y no desearía volver a pasar por algo similar, pero debo admitir que valió la pena todo el dolor que me costó, porque me dio la oportunidad de descubrir que la venganza no formaba parte de mi.

Dejaríamos de temer o de huir de las experiencias difíciles si observáramos, a partir de biografías de destacados hombres, que casi todos ellos fueron duramente puestos a prueba y pasaron por duras experiencias antes de llegar al éxito. Esto me lleva a preguntarme si el Destino no pone a prueba "el metal del que estamos hechos" de varias y diversas maneras antes de colocar grandes responsabilidades sobre nuestros hombros.

Antes de acercarme al próximo punto de inflexión de mi vida, quisiera llamar tu atención sobre el hecho de que cada punto de inflexión me llevó más y más cerca del final de mi arco iris y me trajo algunos conocimientos útiles que luego se convirtieron en una parte de mi filosofía de vida.

Sexto punto de inflexión

Llegamos ahora al punto de inflexión que probablemente me acercó más al final del arco iris que cualquiera de los otros, porque me colocó en una posición en la que me pareció necesario poner en práctica todo el conocimiento que había adquirido hasta ese momento, con respecto a prácticamente todos los temas con los que estaba familiarizado, y me dieron la oportunidad de expresarme y desarrollarme como rara vez se le presenta a un hombre tan temprano en la vida. Este punto de inflexión se produjo poco después de que mis sueños de éxito en el negocio de los dulces se hicieran añicos, cuando dirigí mis esfuerzos a la enseñanza de Publicidad y Ventas como un departamento de una de las universidades del Medio Oeste.

Un sabio filósofo dijo que nunca aprendemos suficiente sobre un tema determinado hasta que comenzamos a enseñárselo a otros. Mi primera experiencia como maestro demostró que esto era cierto. Mi escuela prosperó desde el principio. Tenía un local físico y también una escuela por correspondencia a través de la cual enseñaba a estudiantes en casi todos los países de habla inglesa. A pesar de los estragos de la guerra, la escuela estaba creciendo con rapidez y nuevamente tuve el final del arco iris a vista.

Luego vino el segundo reclutamiento militar de la Guerra Mundial, que prácticamente destruyó mi escuela, pues reclutó a la mayoría de los que estaban matriculados como alumnos. De un plumazo, cobré más de $75,000 en derechos de matrícula y al mismo tiempo contribuí con mi propio servicio a mi país. ¡Una vez más me quedé sin dinero!

Desdichada es la persona que nunca ha tenido la emoción de estar sin un centavo en un momento u otro, ya que, como bien dijo Edward Bok, la pobreza es la experiencia más rica que puede tener una persona, una experiencia de la que, sin embargo, él aconseja alejarse lo más rápido posible.

Una vez más, me vi obligado a redirigir mis esfuerzos, pero, antes de proceder a describir el próximo y último punto de inflexión importante, quiero llamar tu atención sobre el hecho de que ningún acontecimiento descrito hasta ahora tiene, en sí mismo, importancia alguna. Los seis puntos de inflexión que he descrito brevemente no significaron nada para mí, tomados individualmente, y no significarán nada para ti si los analizas individualmente. Pero tomados en conjunto, forman una base muy significativa para el próximo punto de inflexión y constituyen una evidencia contrastada de que los seres humanos estamos constantemente atravesando cambios evolutivos como resultado de las experiencias de vida con las que nos encontramos, aunque no parece que ninguna experiencia pueda transmitir una lección definitiva y aplicable.

Puede parecerte obvio, a lo largo de mi descripción de los seis puntos de inflexión ya esbozados, que en realidad no había encontrado mi lugar en el mundo. Es obvio que la mayoría, si no todas, de mis derrotas temporales se debieron principalmente al hecho de que aún no había descubierto el trabajo en el que podía poner mi corazón y mi alma. Encontrar el trabajo para el que uno está mejor preparado y que más le gusta es muy parecido a encontrar a la persona a la que más se ama; no hay una regla por la cual hacer la búsqueda, pero cuando se entra en contacto con el lugar adecuado, uno lo reconoce inmediatamente. Yo también pude reconocer de inmediato el trabajo para el que estaba mejor preparado.

Séptimo punto de inflexión

Permíteme describir el séptimo y último de los puntos de inflexión. Para hacerlo, debo volver a ese día memorable: ¡el 11 de noviembre de 1918!

Ese fue el Día del Armisticio, el final de la Primera Guerra Mundial. La guerra me había dejado sin un centavo, pero me alegró saber que la masacre había cesado y que la civilización estaba a punto de recuperar un vez más la razón.

Mientras estaba de pie frente a la ventana de mi oficina mirando a la multitud que gritaba celebrando el final de la guerra, mi mente se remontó a mi pasado, especialmente a ese día lleno de acontecimientos cuando ese amable anciano puso su mano sobre mi hombro y me dijo que si adquiría una buena formación, podría dejar mi huella en el mundo. Yo había ido adquiriendo esa formación sin saberlo. Durante un período de más de veinte años, asistí a la escuela en la Universidad de

LA LEY DEL ÉXITO

Hard Knocks, como habrás observado en mi descripción de los diversos puntos de inflexión de mi vida. Mientras estaba de pie frente a esa ventana, todo mi pasado, con su amargura y su dulzura, sus altibajos, pasó reconocimiento ante mí.

¡Había llegado el momento de otro punto de inflexión!

Me senté frente a mi máquina de escribir y, para mi asombro, mis manos comenzaron a tocar una melodía en el teclado. Nunca antes había escrito con tanta rapidez ni con tanta facilidad. No planeé ni pensé en lo que estaba escribiendo, ¡solo escribí lo que me vino a la mente!

Inconscientemente, estaba sentando las bases para el punto de inflexión más importante de mi vida, pues, cuando terminé, había preparado un documento a través del cual financiaba una revista nacional que me dio contacto con personas de todo el mundo de habla inglesa.

Fue de esta manera un tanto dramática que un deseo que había estado latente en mi mente durante casi veinte años se convirtió en realidad. Durante todo ese tiempo, había querido ser editor de una revista. Hace más de treinta años, cuando era un niño muy pequeño, solía "lanzarle" el periódico a mi padre cuando publicaba en un pequeño semanario, y llegué a amar el olor de la tinta de imprenta.

Tal vez este deseo fue ganando impulso subconscientemente durante todos esos años de preparación, mientras pasaba por las experiencias detalladas en los puntos de inflexión de mi vida, hasta que finalmente tuvo que reflejarse en hechos; o puede ser que haya otro plan, sobre el cual yo no tenía control, que me apremiaba más y más, sin darme descanso en ninguna otra línea de trabajo, hasta que comencé la publicación de mi primera revista.

Curiosamente, comencé este trabajo sin pensar en buscar el final del arco iris o el proverbial tesoro que se supone que se encuentra al final. Por primera vez en mi vida, me pareció sin duda darme cuenta, que había algo más valioso en la vida que buscar el oro; por lo tanto, comencé mi trabajo editorial con un solo pensamiento principal en mente, y ese pensamiento era prestar al mundo el mejor servicio del que fuera capaz, ¡tanto si mis esfuerzos me reportaran un centavo a cambio o no!

La publicación de la revista Hill's Golden Rule me puso en contacto con los intelectuales de todo el país. Me dio mi gran oportunidad de ser escuchado. El mensaje de optimismo y buena voluntad entre los hombres que yo transmitía se hizo tan popular que me invitaron a participar en una gira de conferencias por todo el país a principios de 1920, durante la cual tuve el privilegio de reunirme y conversar con algunos de los más destacados pensadores de esta generación. El contacto con estas personas fue de gran ayuda para darme la fuerza de seguir haciendo el buen trabajo que había comenzado. Esta gira supuso una gran formación en sí misma, porque me puso en contacto con personas en prácticamente todos los ámbitos de la vida, y me dio la oportunidad de ver que los Estados Unidos de América era un país muy grande.

Ahora viene el colofón del séptimo punto de inflexión de mi vida.

Durante mi gira de conferencias, estaba sentado en un restaurante en Dallas, Texas, viendo el aguacero más fuerte que jamás haya visto. El agua caía sobre la ventana de cristal en dos grandes chorros, y de uno de estos chorros al otro, de un lado a otro, había pequeños chorros, formando lo que parecía una gran escalera de agua.

Mientras contemplaba esta escena insólita, "me vino a la mente" la idea de que tendría una espléndida conferencia si ordenaba todo lo que había aprendido de los siete puntos de inflexión de mi vida, y todo lo que había aprendido del estudio de las vidas de hombres exitosos, y lo ofrecía bajo el título de "La Escalera Mágica al Éxito".

En el reverso de un sobre, describí los puntos a partir de los cuales se confeccionó esta conferencia, y luego trabajé estos puntos de manera literal a partir de las derrotas temporales descritas en los siete puntos cruciales de mi vida.

Todo lo importante representado por estos puntos, y los contenidos de estos conocimientos son experiencias que algunos han calificado como "fracasos".

Este libro no es más que la suma total de lo que recopilé a través de estos "fracasos".

Tal vez quieras saber qué beneficios materiales y monetarios he obtenido de estos puntos de inflexión, porque probablemente te des cuenta de que vivimos en una era en la que la vida es una lucha tediosa por la existencia y no es nada agradable para aquellos que sufren por la pobreza.

¡Está bien! Seré franco contigo.

Para empezar, lo único que necesito son los ingresos estimados por la venta de este libro, y eso a pesar de que he insistido en que mis editores apliquen la filosofía Ford y vendan el libro a un precio popular y al alcance de todos los que lo quieran.

Además de los ingresos por la venta del libro (que, ten en cuenta, no es más que la venta del conocimiento que he acumulado a través del "fracaso"), ahora estoy escribiendo una serie de editoriales ilustrados que se publicarán en los diarios del país. Estos editoriales se basan en estos mismos puntos descritos en este libro.

Los ingresos netos estimados por las ventas son más que suficientes para atender mis necesidades. Menciono esto porque sé lo frecuente que es para todos nosotros medir el éxito en términos de dólares y rechazar como infundada toda filosofía que no sea la del dinero.

Prácticamente todos los últimos años de mi vida he sido pobre —muy pobre— en lo que respecta a los saldos bancarios. Esta condición ha sido, en gran medida, una elección mía, porque he estado dedicando lo mejor de mi tiempo a la ardua tarea de despojarme de parte de mi ignorancia y adquirir algunos conocimientos de la vida que necesitaba.

A partir de las experiencias descritas en estos siete puntos de inflexión de mi vida, he recogido algunos conocimientos que no podría haber adquirido de otra manera que no fuera la derrota.

¡Me alegro de haber experimentado muchas derrotas!

Han tenido el efecto de infundirme el coraje para emprender tareas que nunca habría iniciado si hubiera estado rodeado de influencias protectoras.

¡La derrota es una fuerza destructiva sólo cuando se acepta como fracaso! Cuando se acepta como una enseñanza necesaria, siempre es una bendición.

Estoy convencido de que el fracaso es el plan de la Naturaleza a través del cual prepara a los hombres para hacer su trabajo. El fracaso es el gran horno de la Naturaleza en el que quemar las cenizas del corazón y que nos den aliento para seguir en el camino.

He descubierto evidencias para apoyar esta teoría en el estudio de decenas de grandes hombres, desde Sócrates y Jesucristo a lo largo de los siglos hasta los de nuestros tiempos. El éxito de cada uno de estos hombres está en proporción casi exacta a la magnitud de los obstáculos y dificultades que tuvieron que superar.

LA LEY DEL ÉXITO

Nadie jamás se levantó del golpe de gracia de la derrota sin ser más fuerte y más sabio por la experiencia. La derrota nos habla en un idioma propio, un idioma que debemos escuchar, nos guste o no.

Al acercarme al final de este capítulo sobre el fracaso, me viene a la mente un poco de filosofía tomada de las obras del gran Shakespeare, que quiero poner en entredicho porque creo que no es correcta. Se trata de la siguiente cita:

> Existe una marea en las vidas de los hombres,
> que tomada en pleamar, conduce a la fortuna.
> Si la evitamos, todo el viaje de nuestras vidas
> estará lleno de escollos y desgracias.
> En esa pleamar flotamos ahora.
> Y debemos aprovechar la corriente cuando es favorable,
> o perder nuestro cargamento.

El miedo y admitir el fracaso hace que estemos "atados en aguas poco profundas". Podemos romper la cuerda que nos ata y deshacernos de ella. O podemos convertirlo en una ventaja y hacer que sirva como un cable de remolque con el que llevarnos a tierra si observamos y aprovechamos las lecciones que enseña.

> Quien nunca ha sufrido, sólo ha vivido la mitad,
> Quien nunca fracasó, nunca se esforzó ni buscó.
> Quien nunca lloró es ajeno a la risa,
> Y el que nunca dudó nunca pensó.
>
> —Reverendo J. B. Goode

A medida que me acerco al final de este, mi capítulo favorito del libro, cierro los ojos por un momento y veo ante mí un gran ejército de hombres y mujeres cuyos rostros muestran signos de preocupación y desesperación.

¡Algunos están mal vestidos, habiendo llegado a la última etapa de ese largo, largo camino que los hombres llaman fracaso!

Otros están en mejores circunstancias, pero el miedo a morir de hambre se refleja claramente en sus rostros; la sonrisa del coraje ha salido de sus labios; y ellos también parecen haber renunciado a la batalla.

¡La escena cambia!

Miro de nuevo, y retrocedo en la historia y veo la lucha del hombre por un lugar en el sol, y allí veo, también, los "fracasos" del pasado, fracasos que han significado más para la raza humana que todos los demás.

Veo el rostro de Sócrates cuando se encontraba al final de ese sendero llamado fracaso, esperando, con la mirada hacia arriba, esos momentos que debieron parecer una eternidad, justo antes de beber la copa de cicuta que le obligaron sus verdugos.

Veo también a Cristóbal Colón, un prisionero encadenado, que fue el tributo que se le rindió por su sacrificio al haber zarpado en un mar desconocido e inexplorado para descubrir un continente desconocido.

Veo también el rostro de Thomas Paine, el hombre a quien los ingleses trataron de capturar y ejecutar como el verdadero instigador de la Revolución Americana. Lo veo tendido en una sucia prisión en Francia, mientras esperaba tranquilamente, bajo la sombra de la guillotina, la muerte que le esperaba por su parte en nombre de la humanidad.

Y veo también el rostro del Varón de Galilea, mientras sufría en la cruz del Calvario, la recompensa que recibió por sus esfuerzos en favor de la sufrida humanidad.

LA LEY DEL ÉXITO

"Fracasos", ¡todos!

Oh, ser un fracaso. Oh, pasar a la historia, como lo hicieron estos hombres, como alguien que fue lo suficientemente valiente como para colocar a la humanidad por encima del individuo y el principio por encima de la ganancia pecuniaria.

En esos "fracasos" descansan las esperanzas del mundo.

¡Oh, hombres, que sois etiquetados como "fracasos"—levantaos, levantaos de nuevo y hacedlo!

En algún lugar del mundo hay sitio para hacer algo; hay lugar para ti.

En los libros de historia del hombre, nunca se escribió ningún fracaso.

Excepto el del cobarde que fracasa, y no vuelve a intentarlo.

La gloria está en lo que se hace, y no en el trofeo conseguido;

Las paredes que están a oscuras pueden reírse del beso del sol.

¡Oh, cansado, desgastado y afligido, oh, hijo de los crueles vendavales del destino!

Yo canto, para que tal vez te anime, yo canto al hombre que fracasa.

—Alfred J. Waterhouse

Agradece la derrota que los hombres llaman fracaso, porque si sobrevives y sigues intentándolo, tendrás la oportunidad de demostrar tu capacidad para alcanzar la cima del éxito en el campo elijas.

Nadie tiene derecho a calificarte de fracasado excepto tú mismo.

Si en un momento de desesperación te sintieras inclinado a tacharte de fracasado, recuerda estas palabras del adinerado filósofo Creso, que fue consejero de Ciro, rey de los persas:

"Me acuerdo, oh rey, y me tomo esta lección en serio, que hay una rueda sobre la cual giran los asuntos de los hombres y su mecanismo es tal que impide que cualquier hombre sea siempre afortunado."

Qué maravillosa lección encierran esas palabras: una lección de esperanza, coraje y compromiso.

¿Quién de nosotros no ha tenido días "malos", en los que todo parecía ir mal? Son los días en que vemos solo el lado malo de la gran rueda de la vida.

Recordemos que la rueda siempre está girando. Si hoy nos trae tristeza, nos traerá alegría mañana. La vida es un ciclo de acontecimientos variables: alegrías y penas.

No podemos evitar que la rueda del destino gire, pero podemos modificar la desgracia que nos trae recordando que la buena fortuna vendrá, con la misma certeza que la noche sigue al día, si mantenemos la fe en nosotros mismos y hacemos lo mejor que podamos con seriedad y honestidad.

En sus horas más difíciles, se escuchaba al inmortal Lincoln decir, a menudo: "Y esto también pasará pronto". Sabemos que el fracaso pasará. Si aprendemos de ello, es seguro que el éxito vendrá.

LA LEY DEL ÉXITO

Lección Quince

Tolerancia

¡Puedes hacerlo si crees que puedes!"

Hay dos características importantes sobre la intolerancia, y vamos a comenzar por ellas.

Estas características son:

Primero: la intolerancia es una forma de ignorancia que hay que dominar para poder alcanzar cualquier forma de éxito duradero. Es la causa principal de todas las guerras. Crea enemigos en los negocios y en las profesiones. Desintegra las fuerzas organizadas de la sociedad en mil formas y se alza, como un enorme monstruo, como un obstáculo para la abolición de la guerra. Destrona a la razón y la sustituye por la mentalidad de masas.

Segundo: La intolerancia es la principal fuerza desintegradora en las principales religiones del mundo, causando estragos al dividir ese poder de las religiones en pequeñas sectas y denominaciones que dedican tanto esfuerzo a enfrentarse entre ellas como para eliminar los males del mundo.

La siguiente historia es una ilustración personal de los efectos dañinos de la intolerancia. Un día me presentaron a un joven de aspecto inusualmente elegante. Su mirada clara, su cálido apretón de manos, el tono de su voz y el espléndido gusto con que se arreglaba lo señalaban como un joven del más alto nivel intelectual. Era el típico joven estudiante universitario estadounidense, y mientras le recorría con la mirada, estudiando rápidamente su personalidad, como es natural hacer en esas circunstancias, observé en su chaleco una insignia de los Caballeros de Colón.

¡Al instante, solté su mano como si fuera un trozo de hielo! Lo hice tan rápido que nos sorprendió tanto a él como a mí. Cuando me excusé y comencé a alejarme, miré la insignia de los masones que llevaba en mi propio chaleco, luego eché otro vistazo a su insignia de Caballeros de Colón y me pregunté por qué un par de baratijas como estas podían abrir un abismo tan profundo entre hombres que no sabían nada el uno del otro.

El resto de ese día seguí pensando en el incidente porque me molestaba. Siempre me había sentido orgulloso de ser tolerante con todos, pero en este caso ese repentino ataque de intolerancia demostró que en mi mente subconsciente existía un complejo que me influía hacia la estrechez de miras.

Este descubrimiento me conmocionó tanto que inicié un proceso sistemático de psicoanálisis a través del cual busqué en lo más profundo de mi alma la causa de mi descortesía.

Me preguntaba una y otra vez:

¿Por qué soltaste abruptamente la mano de ese joven y te apartaste, cuando no sabías nada de él?

Por supuesto, la respuesta me llevó, siempre a esa insignia de Caballeros de Colón que él llevaba. Pero no era una respuesta real, y por lo tanto no me satisfacía. Los Caballeros de Colón es una organización católica, y los masones son protestantes, pero ¿cómo es posible que unas insignias de organizaciones católicas y protestantes me provocaran esa reacción?

LA LEY DEL ÉXITO

Entonces empecé a investigar en el terreno de la religión. Comencé a estudiar tanto el catolicismo como el protestantismo hasta que me remonté a los orígenes de ambos, un proceso que, debo confesar, me aportó una mayor comprensión de los problemas de la vida que la que había obtenido de todas las demás fuentes. Por un lado, reveló el hecho de que el catolicismo y el protestantismo difieren más en la forma que en el fondo; ambos se basan exactamente en la misma fuente, que es el cristianismo.

Pero esto no fue todo, ni lo más importante de mis descubrimientos, ya que mi investigación me condujo en muchas direcciones y me llevó a entrar en el campo de la biología, donde aprendí mucho de lo que necesitaba saber sobre la vida en general y el ser humano en particular. Mis investigaciones me llevaron también al estudio de la hipótesis de la evolución de Darwin, tal como se expone en su "Origen de las Especies", y esto, a su vez, me llevó a un análisis mucho más amplio del tema de la psicología que el que yo había hecho anteriormente.

Cuando empecé a buscar conocimientos en una y otra dirección, mi mente comenzó a desarrollarse y a ampliarse con una rapidez tan alarmante que prácticamente me vi obligado a borrar de un plumazo lo que creía que eran mis conocimientos previos y a desaprender muchas cosas que antes creía que eran verdad.

¡Comprende el significado de lo que acabo de decir!

¡Imagínate descubriendo de repente que la mayor parte de tu filosofía de vida se había construido a base de sesgos y prejuicios, lo que te obligaba a reconocer que, lejos de ser un sabio, ¡apenas estabas cualificado para convertirte en un estudiante inteligente!

Esa era exactamente la posición en la que me encontraba con respecto a muchos de los que creía que eran fundamentos sólidos de la vida. Pero de todos los descubrimientos a los que me llevó esta investigación, ninguno fue más significativo que el de la importancia relativa de la herencia física y social, porque fue este descubrimiento el que reveló la causa de mi comportamiento cuando me alejé de un hombre a quien no conocía, tal como lo describí anteriormente.

Fue este descubrimiento el que me reveló cómo y dónde adquirí mis puntos de vista sobre la religión, la política, la economía y muchos otros temas igualmente importantes, y lamento y a la vez me congratulo al afirmar que encontré la mayoría de argumentos sobre estos temas sin siquiera una teoría razonable, y mucho menos de hechos o razones sólidas.

Recordé entonces una conversación que mantuve con el ya fallecido senador Robert L. Taylor, en la que discutíamos sobre política. Fue una charla amistosa, ya que éramos de la misma ideología política, pero el Senador me hizo una pregunta que nunca le perdoné hasta que comencé la investigación a la que me he referido.

"Veo que eres un demócrata muy convencido", dijo, "y me pregunto si sabía por qué lo era".

Me quedé pensando durante unos segundos, y luego contesté: "¡Soy demócrata porque mi padre lo era, por supuesto!".

Con una amplia sonrisa en su rostro, el Senador me respondió:

"¡Justo lo que pensaba! Ahora, ¿no estarías en un aprieto si tu padre hubiera sido un ladrón de caballos?".

Fue muchos años después, de que comenzara estas investigaciones que supe el verdadero significado de la broma del Senador Taylor. Con demasiada frecuencia, mantenemos opiniones que no se basan en ningún fundamento más sólido que el de lo que cree otra persona. De esas experiencias surge la intolerancia, que sólo puede vencerse mediante el estudio y el análisis razonados.

LA LEY DEL ÉXITO

Aprendimos muchas valiosas lecciones de la Guerra Mundial, por escandalosa y destructiva que fuera, pero ninguna de mayor importancia que la del resultado del esfuerzo organizado.

Nunca antes en la historia del mundo se había concentrado tanto poder en un grupo de hombres como el creado a través del esfuerzo organizado de los ejércitos aliados. Llegamos ahora a uno de los hechos más destacados y significativos que se encuentran en el análisis de estos ejércitos aliados, a saber, que estaban formados por el grupo de soldados más cosmopolita jamás reunido en esta tierra.

Católicos y protestantes, judíos y gentiles, negros y blancos, amarillos y morenos, y todas las razas de la tierra estaban representadas en esos ejércitos. Si tenían diferencias de raza o credo, las dejaban de lado y las subordinaban a la causa por la que luchaban. Bajo el estrés de la guerra, esa gran multitud humana se había reducido a un mismo nivel donde luchaban hombro con hombro, codo con codo, sin hacerse preguntas sobre las tendencias raciales o creencias religiosas de los demás.

Si pudieron dejar de lado la intolerancia el tiempo suficiente para luchar por sus vidas allí, ¿por qué no podemos hacer lo mismo mientras luchamos por una mayor ética en los negocios, las finanzas y la industria?

¿Sólo cuando las personas civilizadas luchan por sus vidas tienen la previsión de dejar a un lado la intolerancia y cooperar en la consecución de un fin común?

Si todas las iglesias, escuelas, periódicos, clubes y organizaciones cívicas de tu ciudad se aliaran para promover una causa común, ¿ves cómo esa alianza crearía el potencial suficiente para asegurar el éxito de esa causa?

Aplica ese ejemplo a tus propios intereses mediante una alianza imaginaria entre todos los empresarios y empleados de tu ciudad, con el fin de reducir las discrepancias y conflictos, permitiéndoles así prestar un mejor servicio a un menor coste para el público y mayor beneficio para ellos mismos.

Aprendimos de la Guerra Mundial que no podemos destruir una parte sin debilitar el todo, que cuando una nación o un grupo de personas se ven reducidos a la pobreza y la necesidad, el resto del mundo también sufre. A la inversa, la Guerra Mundial nos enseñó que la cooperación y la tolerancia son la base del progreso.

Seguramente las personas más reflexivas y observadoras no dejarán de beneficiarse (individualmente) de estas grandes lecciones que aprendimos de la Guerra Mundial.

El objetivo principal de este libro, y en particular de este capítulo, es educar más que informar, entendiendo por educar, sacar, desarrollar desde dentro, hacer que utilices el poder que yace dormido dentro de ti, esperando el despertar de algún estímulo que te mueva a actuar.

En conclusión, quiero dejarte mis sentimientos personales sobre la tolerancia, en el siguiente ensayo que escribí cuando pasé por la experiencia más dura, cuando un enemigo intentaba arruinar mi reputación y destruir los resultados de toda una vida de trabajo honesto con la intención de hacer algo bueno en el mundo.

"Cuando el amanecer de la Inteligencia haya desplegado sus alas sobre el horizonte oriental del progreso, y la ignorancia y la superstición hayan dejado sus últimas huellas sobre las arenas del tiempo, quedará registrado en el libro de los crímenes y errores del hombre que su pecado más grave fue el de la Intolerancia".

La Intolerancia más amarga surge de las desavenencias raciales y religiosas, fruto de la educación de la primera infancia. ¿Cuánto tiempo, Señor de los Destinos Humanos, pasará hasta que nosotros, pobres mortales, comprendamos la locura de intentar destruirnos unos a otros a causa de dogmas, credos y otros asuntos superficiales sobre los que no estamos de acuerdo?

¡El tiempo que pasamos en la Tierra es, apenas, un instante fugaz!

Como una vela, nos encendemos, brillamos un instante y nos apagamos. ¿Por qué no podemos vivir de tal manera durante esta corta estancia terrenal que cuando la Gran Caravana llamada Muerte se acerque y anuncie que esta visita está a punto de terminar, estemos preparados para plegar nuestras tiendas y, como los árabes del desierto, seguir silenciosamente a la Caravana hacia la Oscuridad de lo Desconocido sin miedo ni temblor?

Espero no encontrar judíos o gentiles, católicos o protestantes, alemanes o ingleses, franceses o rusos, negros o blancos, rojos o amarillos, cuando haya cruzado la barrera hacia el otro lado.

Espero encontrar allí sólo seres humanos, hermanos y hermanas, sin distinción de raza, credo o color, porque querré terminar con la intolerancia para poder acostarme y descansar sin ser molestado por la lucha, la ignorancia, la superstición y los pequeños malentendidos que llenan de caos y dolor esta existencia terrenal".

LA LEY DEL ÉXITO

Lección Dieciséis

La regla de oro

¡Puedes hacerlo si crees que puedes!"

Este capítulo es la Estrella Guía que te permitirá utilizar provechosa y constructivamente los conocimientos reunidos en los capítulos precedentes.

Durante más de veinticinco años, he estado observando la forma en que los hombres se comportan cuando están en posesión del poder, y he llegado a la conclusión de que quien lo logra de otra manera que no sea mediante un proceso lento, paso a paso, está en constante peligro de destruirse a sí mismo y a todos aquellos sobre los que influye.

Seguro que ya te habrás dado cuenta, de que todo este libro nos lleva a la obtención del poder en unas proporciones que nos permiten alcanzar lo aparentemente "imposible". Afortunadamente, resulta evidente que este poder sólo puede alcanzarse mediante el cumplimiento de muchos principios fundamentales, que confluyen en este capítulo, basado en una ley que iguala y trasciende en importancia a todas las demás leyes descritas en los capítulos precedentes.

Del mismo modo, se hace evidente para el lector reflexivo que este poder sólo puede perdurar mediante la estricta observación de la ley en la que se basa este capítulo, donde se halla la "válvula de seguridad" con la que se protege al lector descuidado de los peligros de sus propias locuras, y se protege también a aquellos a quienes podría poner en peligro si tratara de eludir el mandato establecido en este capítulo.

Durante más de cuatro mil años, los hombres han estado predicando la Regla de Oro como una regla de conducta adecuada, pero desafortunadamente, todo el mundo la ha aceptado al pie de la letra, sin entender el espíritu de este mandamiento universal. Hemos aceptado la filosofía de la Regla de Oro simplemente como una regla sólida de conducta ética, pero no hemos comprendido la ley en la que se basa. La Regla de Oro significa, sustancialmente, hacer a los demás lo que desearías que te hicieran a ti si las posiciones estuvieran invertidas.

Pero, ¿por qué? ¿Cuál es la verdadera razón de esta bondadosa consideración hacia los demás? La verdadera razón es ésta:

Hay una ley eterna a través de la cual cosechamos lo que sembramos. Cuando eliges la regla de conducta por la que te guías en tus relaciones con los demás, serás justo y equitativo, si sabes que con esa elección estás activando un poder que actuará para bien o para mal en la vida de los demás, y que finalmente retornará para ayudarte o perjudicarte, conforme a tu naturaleza.

"Todo lo que el hombre siembra, eso también cosechará".

Tienes el poder de tratar injustamente a los demás, pero, si comprendes la ley en la que se basa la Regla de Oro, debes saber que tus comportamientos injustos "se volverán contra ti".

Esta ley no se limita a devolverte tus actos injustos y desagradables hacia los demás, sino que va más allá -mucho más allá- y te devolverá los efectos de cada uno de tus pensamientos.

Por lo tanto, no sólo es aconsejable "hacer a los demás lo que deseas que te hagan a ti", sino que para aprovechar plenamente los beneficios de esta gran Ley Universal, debes "pensar de los demás lo que deseas que piensen de ti."

Aunque este libro trata de las leyes supremas del universo - aquellas leyes que el hombre es capaz de comprender - el objetivo, sin embargo, ha sido mostrar cómo estas leyes pueden ser utilizadas en los asuntos prácticos de la vida. Con este propósito en mente, analicemos ahora el efecto de la Regla de Oro a través del siguiente caso.

El poder de la oración

"No", dijo el abogado, "no presentaré tu demanda contra ese hombre; puedes buscar a otro que lleve el caso, o puedes retirarlo, como te de la gana."

"¿Cree que no hay dinero?".

"Probablemente habría algo de dinero, ¡pero vendría de la venta de la casita que ese señor ocupa y denomina su hogar! Pero no quiero entrometerme en el asunto".

"Te has asustado, ¿eh?"

"En absoluto."

"¿Supongo que el tipo suplicó que lo dejaran ir?"

"Bueno, sí, lo hizo."

"¿Y tú cediste, probablemente?"

"Sí."

"¿Qué es lo que hizo?"

"Creo que lloré un poco."

"¿Y el viejo te lo suplicó mucho, dices?"

"No. No me dirigió la palabra".

"Bueno, ¿puedo preguntar respetuosamente a quién se ha dirigido en tu presencia?"

"A Dios Todopoderoso".

"Ah, se puso a rezar, ¿verdad?"

"No por mi bien, al menos. Verás, encontré la casita con facilidad y llamé a la puerta exterior, que estaba entreabierta. Pero nadie me oyó, así que entré en el pequeño vestíbulo y vi a través de la rendija de una puerta una acogedora sala de estar, y allí en la cama, con su cabellera color plata sobre la almohada, había una anciana que se parecía mucho a mi madre la última vez que la vi en vida. Bien, estaba a punto de llamar, cuando ella dijo: "Vamos, padre, empieza ya; estoy lista". Y se arrodilló a su lado un hombre viejo, de pelo blanco, aún mayor que su esposa, a mi juicio. "Bien, él comenzó. En primer lugar, recordó a Dios que seguían siendo sus hijos sumisos, y que no importaba lo que Él considerara oportuno hacerles sufrir, no debían rebelarse a su voluntad. Por supuesto, iba a ser muy duro para ellos quedarse sin hogar en su vejez, especialmente con la pobre madre tan enferma y desamparada, y, ¡oh! qué diferente habría sido todo si sólo uno de los chicos se hubiera salvado.

Entonces se le quebró un poco la voz, y una mano blanca salió de debajo del cobertor y se movió suavemente sobre su pelo blanco.

Luego repitió que nada podría ser tan doloroso como la separación de aquellos tres hijos, a menos que su madre y él se separasen.

"Pero, al fin, se consoló con el hecho de que el amado Señor sabía que no era culpa suya que su madre y él estuvieran amenazados con la pérdida de su pequeño y querido hogar, lo que les llevaría a la miseria y a la casa de beneficencia, un lugar en el que rogaban que se les permitiera entrar si era conforme a la voluntad de Dios. Y luego citó una multitud de promesas sobre la seguridad de aquellos que ponen su confianza en el Señor. De hecho, fue la súplica más emocionante que jamás he escuchado. Y por último, rogó que Dios bendijera a los que iban a exigir justicia".

El abogado continuó entonces: "Y yo-creo-que preferiría ir yo mismo al asilo de pobres esta noche que manchar mi corazón y mis manos con la sangre de una acusación como ésa."

"Poco temes derrotar la plegaria del viejo, ¿eh?".

"¡Bendita sea tu alma, hombre, no podrías derrotarlo!" dijo el abogado. "Te digo que lo dejó todo sujeto a la voluntad de Dios, pero alego que se nos había dicho que diéramos a conocer nuestros deseos a Dios. De todos los argumentos que he oído, ése venció a todos.

Verás, a mí también me enseñaron ese tipo de cosas en mi infancia. De todos modos, ¿por qué se me envió a escuchar esa oración? Estoy seguro de no saberlo, pero dejo el caso".

"Desearía", dijo el cliente, retorciéndose inquieto, "que no me hubieras contado lo de la oración de ese viejo".

"¿Por qué?"

"Bueno, porque quiero el dinero que me daría ese lugar, pero de joven me enseñaron la Biblia claramente y no me gustaría ir en contra de lo que dices. Ojalá no hubieras oído ni una palabra al respecto, y, en otra ocasión, no escucharé peticiones que no estén dirigidas a mis oídos".

El abogado sonrió.

"Mi querido amigo", dijo, "te equivocas de nuevo. Estaba destinada a mis oídos, y a los tuyos también, y Dios Todopoderoso así lo quiso. Mi vieja madre solía contar que Dios se movía de un modo misterioso, según recuerdo".

"Bueno, mi madre también solía decirlo", dijo el reclamante, mientras retorcía los papeles de la reclamación entre sus dedos. "Puedes llamar por la mañana, si quieres, y decirles que la demanda ha sido resuelta".

"De un modo misterioso", añadió el abogado, sonriendo.

Ni esta lección ni el libro del que forma parte se basan en un llamamiento a sentimentalismos, pero no se puede eludir la verdad de que el éxito, en su forma máxima y más noble, nos lleva, finalmente, a considerar todas las relaciones humanas con un sentimiento de profunda emoción, como el que sintió este abogado cuando escuchó la oración del anciano.

Relataré otro ejemplo de la aplicación de la Regla de Oro.

Treinta hombres, con los ojos rojos y despeinados, se alineaban ante el juez del tribunal de policía de San Francisco. Era la habitual concurrencia matutina de borrachos y alborotadores. Algunos eran viejos y curtidos; otros agachaban la cabeza avergonzados. Justo cuando se calmó el desorden momentáneo que acompañó a la entrada de los detenidos, ocurrió algo extraño. Una voz fuerte y clara empezó a canturrear desde abajo:

"Anoche estaba durmiendo, y tuve un maravilloso sueño."

"¡Anoche!" Para todos había sido una pesadilla o una borrachera. La canción contrastaba de tal modo con el espantoso hecho, que nadie pudo evitar un repentino sobresalto ante el pensamiento que la canción sugería.

"Estuve en la vieja Jerusalén, junto al Templo", continuaba la canción.

El juez había hecho una pausa. Hizo una discreta pregunta. Un antiguo miembro de una famosa compañía de ópera conocida en todo el país estaba a la espera de juicio por falsificación. Era él quien cantaba en su celda.

Mientras tanto, la canción continuaba y todos en la fila mostraban emoción. Uno o dos cayeron de rodillas; un chico al final de la fila, tras un desesperado esfuerzo de autocontrol, se apoyó contra la pared, escondió la cara entre sus brazos cruzados y sollozó: "Oh, madre, madre".

Los sollozos, que conmovieron a los hombres que los oyeron, y la canción, que seguía escuchándose en la sala, impedían el silencio. Al final, un hombre protestó. "Juez", dijo, "¿tenemos que aguantar esto? Estamos aquí para recibir nuestro castigo, pero esto..." También él empezó a sollozar.

Era imposible continuar con la sesión, pero el tribunal no dio orden de detener la canción. El sargento de policía, después de un esfuerzo por mantener a los hombres en la fila, dio un paso atrás y esperó con el resto. La canción llegó a su punto culminante:

"¡Jerusalén, Jerusalén! ¡Canta, que la noche ha terminado! ¡Hosanna, en las alturas! Hosanna, por los siglos de los siglos".

En un momento de éxtasis, sonaron las últimas palabras y se hizo el silencio. El juez miró a las caras de los hombres que tenía delante. No hubo uno solo que no se sintiera conmovido por la canción, ni uno solo en quien no se despertase un sentimiento mejor. No llamó a los acusados por separado, sino que les dio un consejo amable, dirigido a todos ellos, y los sobreseyó a todos. Nadie fue multado ni condenado aquella mañana. La canción había hecho mucho más bien que el castigo.

Has leído la historia de un abogado de la Regla de Oro y de un juez de la Regla de Oro. En estos dos casos de la vida cotidiana, has observado cómo funciona la Regla de Oro cuando se aplica.

Una actitud pasiva hacia la Regla de Oro no dará resultados; no basta con creer en la filosofía y, al mismo tiempo, no aplicarla en tus relaciones con los demás. Si quieres resultados, debes adoptar un comportamiento activo ante la Regla de Oro.

LA LEY DEL ÉXITO

Tampoco te servirá de nada proclamar al mundo tu creencia en la Regla de Oro mientras tus acciones no estén en armonía con tu proclamación. Por el contrario, no te servirá de nada aparentar que practicas la Regla de Oro mientras, en el fondo, estás dispuesto y ansioso de utilizar esta ley universal de conducta correcta como un pretexto para ocultar una conducta envidiosa y egoísta. Hasta la persona más ignorante te "percibirá" por lo que eres.

El carácter de los seres humanos se manifiesta cada vez más. No se oculta. Odia la oscuridad y se precipita hacia la luz. Oí decir a un abogado experimentado que nunca temió el efecto que tendría sobre un jurado el hecho de que un abogado contrario no creyera en su interior que su cliente debería tener un veredicto favorable. Si no lo cree, su incredulidad se mostrará ante el jurado, a pesar de todas sus palabras. Esta es la ley por la que una obra de arte, sea del tipo que sea, nos pone en el mismo estado mental en el que estaba el artista cuando la hizo. Lo que no creemos no podemos decirlo adecuadamente, aunque repitamos las palabras una y otra vez.

Si quieres saber lo que le sucede a un hombre cuando ignora totalmente la ley en la que se basa la filosofía de la Regla de Oro, y ni siquiera confiesa creer en ella, elige a cualquier hombre de tu entorno que sepas que vive con el único propósito dominante de acumular riqueza, y que no tiene escrúpulos en cómo conseguirla. Estudia a este hombre y observarás que no hay bondad en sus palabras, que no hay calidez en su alma, que no hay benevolencia en su rostro. Se ha convertido en un esclavo del deseo de riqueza; está demasiado ocupado como para disfrutar de la vida y es demasiado egoísta como para desear ayudar a otros a disfrutar de esa riqueza.

Camina, habla y respira, pero no es más que un autómata humano. Sin embargo, hay muchos que envidian a un hombre así y desean ocupar su posición, creyendo estúpidamente que es un triunfador.

Nunca puede haber éxito sin felicidad, y ningún hombre puede ser feliz sin dispensar felicidad a los demás.

Más aún, la donación debe ser voluntaria y no tener otro fin que el de esparcir el sol en los corazones de los que llevan una pesada carga.

Tal vez te hayas preguntado por qué no se ha mencionado en este libro el tema de la honestidad, como requisito previo para el éxito; si es así, la respuesta la encontrarás en este capítulo.

La filosofía de la Regla de Oro, cuando se entiende y aplica correctamente, hace imposible la deshonestidad. Es más: hace imposibles todas las demás cualidades destructivas, como el egoísmo, la codicia, la envidia, el fanatismo, el odio y la malicia.

Cuando aplicas la Regla de Oro, te conviertes, al mismo tiempo, en juez y parte, en acusado y acusador. Esto lo coloca a uno en una posición en la que la honestidad comienza en el propio corazón, hacia uno mismo, y se extiende a todos los demás con el mismo efecto.

Ser honesto no tiene ningún mérito cuando la honestidad es obviamente la opción más rentable, no sea que uno pierda un buen cliente, o sea enviado a la cárcel por engaño. Pero cuando la honestidad significa una pérdida material temporal o permanente, entonces se convierte en un honor del más alto grado para todos los que la practican. Esa honestidad tiene su recompensa en el poder acumulado del carácter y la reputación que disfrutan todos los que la merecen.

Quienes entienden y aplican la filosofía de la Regla de Oro son siempre escrupulosamente honestos, no sólo por su deseo de ser justos con los demás, sino por su deseo de ser justos consigo mismos. Entienden la ley eterna en la que se basa la Regla de Oro, y saben que, a través de la aplicación de esta ley, cada acto en el que participan tiene su contrapartida en algún hecho o circunstancia con la que más tarde se verán confrontados.

Comprende la ley en la que se basa el mandato de la Regla de Oro, y comprenderás también la ley que une eternamente a toda la humanidad en un único vínculo de compañerismo y hace imposible que puedas herir a otra persona, por pensamiento o acción, sin herirte a ti mismo, y que, del mismo modo, añade a tu propio carácter los resultados de cada pensamiento y acción bondadosos que permites.

Comprende esta ley y sabrás, sin lugar a la menor duda, que constantemente te castigas por cada injusticia que cometes y te recompensas por cada acto de buena conducta que realizas.

Para que podamos describir más concretamente la ley en la que se basa este capítulo, vamos a plasmar la ley en un código ético tal como podría adoptarlo quien desee seguir literalmente el mandato de la Regla de Oro:

Mi código ético

I. Creo en la Regla de Oro como base de toda conducta humana. Por lo tanto, seré siempre justo, generoso y equitativo con los demás, aunque sepa que estos actos pueden pasar desapercibidos y no ser recompensados, en los términos ordinarios de la recompensa, porque entiendo y pretendo aplicar la ley con cuya ayuda el propio carácter no es sino la suma total de los propios actos y hechos.

II. Seré honesto, hasta en el más mínimo detalle, en todas mis transacciones con los demás, no sólo por mi deseo de ser justo con ellos, sino por mi propósito de imprimir la idea de la honestidad en mi propia mente subconsciente, tejiendo así esta cualidad esencial en mi propio carácter.

III. Perdonaré a aquellos que son injustos conmigo, sin pensar si lo merecen o no, porque entiendo la ley a través de la cual el perdón de los demás fortalece mi propio carácter y borra los efectos de mis propias transgresiones, en mi mente subconsciente.

IV. Todo el tiempo que tenga que dedicar al descubrimiento y exposición de las debilidades y faltas de los demás lo dedicaré, más provechosamente, al descubrimiento y corrección de las mías.

V. No calumniaré a nadie, por mucho que crea que otra persona pueda merecerlo, porque no deseo sembrar sugestiones destructivas en mi propia mente subconsciente.

VI. Reconozco el poder del pensamiento como una puerta de entrada que conduce a mi cerebro desde el océano universal de la vida; por lo tanto, no dejaré flotando pensamientos destructivos en ese océano para que no contaminen las mentes de los demás.

VII. Venceré la tendencia humana común hacia el odio, la envidia, el egoísmo, los celos, la malicia, el pesimismo, la duda y el miedo; porque creo que éstos son la semilla de la que el mundo cosecha la mayoría de sus problemas.

VIII. Cuando mi mente no esté ocupada con pensamientos que tiendan hacia el logro de mi objetivo principal definido en la vida, la mantendré voluntariamente llena de pensamientos de valentía, y confianza en mí mismo, y buena voluntad hacia los demás, fe, bondad, lealtad, y amor por la verdad y la justicia, porque creo que éstas son las semillas de las que el mundo recoge su cosecha de crecimiento continuo.

IX. Entiendo que una mera creencia pasiva en la solidez de la filosofía de la Regla de Oro no tiene valor alguno, ni para mí ni para los demás; por lo tanto, aplicaré activamente esta regla universal para el bien en todas mis interacciones con los demás.

X. Comprendo la ley a través de cuya aplicación se desarrolla mi propio carácter a partir de mis propios actos y pensamientos; por lo tanto, guardaré con cuidado todo lo que entra en su desarrollo.

XI. Comprendo que la felicidad duradera sólo llega ayudando a los demás a encontrarla; que ningún acto de bondad carece de recompensa, aunque nunca pueda ser directamente compensado, haré todo lo posible por ayudar a los demás cuando y donde se presente la oportunidad.

Hay personas que creen que la filosofía de la Regla de Oro no es más que una teoría y que no tiene nada que ver con una ley inmutable. Han llegado a esta conclusión por experiencias personales en las que prestaron servicios a otros sin disfrutar de los beneficios de la reciprocidad directa.

¿Cuántos han prestado servicios a otros que no fueron correspondidos ni retribuidos? Estoy seguro de que he tenido esa experiencia, no una, sino muchas veces, y estoy igualmente seguro de que tendré experiencias similares en el futuro, y no dejaré de prestar servicios a los demás simplemente porque no me correspondan ni aprecien mis esfuerzos.

Y ésta es la razón:

Cuando presto un servicio a otro, o me permito un acto de bondad, almaceno en mi subconsciente el efecto de mis esfuerzos, que puede compararse a la "carga" de una batería eléctrica. Al cabo de un tiempo, si realizo un gran número de actos de este tipo, habré desarrollado un carácter positivo y dinámico que atraerá hacia mí a personas que están en armonía con mi carácter o que se asemejan a él.

Aquellos a quienes atraigo hacia mí me devolverán los actos de bondad y el servicio que he prestado a otros, y así la Ley de Compensación habrá equilibrado la balanza de la equidad para mí, devolviéndome los resultados del servicio que presté a través de una fuente completamente diferente. La ley del "ojo por ojo y diente por diente" se basa en la misma ley sobre la que opera la Regla de Oro. No es más que la ley de la represalia con la que todos estamos familiarizados. Incluso la persona más egoísta responderá a esta ley, ¡porque no puede evitarlo!

Si hablo mal de ti, aunque te diga la verdad, no pensarás bien de mí. Es más, lo más probable es que tomes represalias. Pero si hablo de tus virtudes, pensarás bien de mí y, cuando se presente la ocasión, me corresponderás en la mayoría de los casos.

Recuerda que tu reputación la hacen los demás, pero tu carácter lo haces tú.

Quieres que tu reputación sea favorable, pero no puedes estar seguro de que lo sea, porque es algo que está fuera de tu control, en la mente de los demás. Es lo que los otros piensan que eres. Con tu carácter, es diferente. Tu carácter es lo que eres, el resultado de tus pensamientos y actos. Tú lo controlas. Puedes hacer que sea débil, bueno o malo. Cuando estás satisfecho y piensas que tu carácter es irreprochable, no tienes que preocuparte por tu reputación, porque es tan imposible que tu carácter sea destrozado o dañado por alguien, salvo por ti mismo, como lo es destruir la materia o la energía.

Era esta verdad la que Emerson tenía en mente cuando dijo: "Una victoria política, un incremento de las rentas, la recuperación de un enfermo o el regreso de un amigo ausente, o algún otro acontecimiento externo te levanta el ánimo y te hace pensar que puedes dormirte en los laureles. No lo creas. Nunca puede ser así. Nada puede traerte la paz sino tú mismo. Nada puede traerte la paz sino el triunfo de los principios".

La regla de oro

Esta regla encarna toda la religión; comprende todos los preceptos, mandamientos y medios de los futuros triunfos del bien sobre el mal, de la verdad sobre el error, y de la paz y felicidad de los hombres, anunciados en las gloriosas visiones de los profetas. Fijaos en las palabras. No se limita a decir que es una regla sabia, que concuerda con los principios del orden divino revelados en la ley y los profetas. Los encarna todos; es la ley y los profetas. Comprende el amor a Dios. Dice que debemos considerarlo como deseamos que Él nos considere, que debemos hacer con Él lo que deseamos que Él haga con nosotros. Si deseamos que nos ame con todo su corazón, con toda su alma, con toda su mente y con todas sus fuerzas, debemos amarlo de la misma manera. Si deseamos que nuestro prójimo nos ame como se ama a sí mismo, debemos amarlo como nos amamos a nosotros mismos..

He aquí, pues, la ley universal y divina del ser humano y del compañerismo. No es un principio de la sabiduría humana; tiene su origen en la naturaleza divina y su encarnación en la naturaleza humana.

A lo largo de todo este libro, se ha hecho hincapié en un principio particular con el propósito de ilustrar la verdad de que toda personalidad es la suma total de los pensamientos y acciones de cada uno: que llegamos a parecernos a la naturaleza de nuestros pensamientos dominantes.

El pensamiento es el único poder que organiza, acumula y reúne sistemáticamente hechos y materias según un plan definido. Un río que fluye puede juntar tierra y construir un terreno, y una tormenta puede juntar y amontonar palos en un amasijo de escombros, pero ni las tormentas ni los ríos pueden pensar; por lo tanto, los materiales que reúnen no se ensamblan en forma organizada y definida.

Sólo el hombre tiene el poder de transformar sus pensamientos en realidad; sólo el hombre puede soñar y hacer realidad sus sueños.

Nadie conoce las limitaciones del poder del pensamiento, ni si tiene o no limitaciones. Todo lo que el hombre cree que puede hacer, acaba haciéndolo. Hace tan sólo unas generaciones, los escritores más imaginativos se atrevieron a escribir sobre viajes espaciales, y ¡he aquí! que se hicieron realidad y ahora son un acontecimiento común. Gracias al poder evolutivo del pensamiento, las esperanzas y ambiciones de una generación se hacen realidad en la siguiente.

El poder del pensamiento ocupa un lugar preponderante en este libro. Pertenece a ese lugar porque la posición dominante del hombre en el mundo es consecuencia directa del pensamiento, y debe ser este poder el que tú, como persona, utilices para alcanzar el éxito, sin importar cuál sea tu idea de lo que representa el éxito.

Ahora has llegado al punto en el que debes hacer un inventario de ti mismo con el fin de determinar qué cualidades necesitas para tener una personalidad equilibrada y completa.

En la elaboración de este libro se han tenido en cuenta varios factores importantes. Analízate cuidadosamente -con la ayuda de una o más personas, si crees que lo necesitas- para determinar en cuál de los factores de este libro eres más débil. A continuación, concentra tus esfuerzos en esos capítulos concretos hasta que hayas alcanzado el pleno desarrollo de los factores que representan. El éxito será entonces tuyo.

¡ GRACIAS POR LEER ESTE LIBRO!

Si alguna información le resultó útil, tómese unos minutos y deje una reseña en la plataforma de venta de libros de su elección.

¡REGALO DE BONIFICACIÓN!

No olvides suscribirte para probar nuestro boletín de noticias y obtener tu libro electrónico gratuito de desarrollo personal aquí:

soundwisdom.com/español